国富论 Econexplorer
探究国民财富的奥秘

黄河三角洲高效生态经济区发展报告2018

魏 建 侯麟科◎主编

GUANGXI NORMAL UNIVERSITY PRESS
广西师范大学出版社
·桂林·

图书在版编目（CIP）数据

黄河三角洲高效生态经济区发展报告．2018 / 魏建，侯麟科主编．—桂林：广西师范大学出版社，2019.7
ISBN 978-7-5598-1961-1

Ⅰ．①黄…　Ⅱ．①魏…②侯…　Ⅲ．①黄河－三角洲－生态经济－区域经济发展－研究报告－2018　Ⅳ．①F127.52

中国版本图书馆 CIP 数据核字（2019）第 142255 号

广西师范大学出版社出版发行
（广西桂林市五里店路 9 号　邮政编码：541004
网址：http://www.bbtpress.com）
出版人：张艺兵
全国新华书店经销
广西壮族自治区桂林漓江印刷厂印刷
（桂林市叠彩区西清路 9 号　邮政编码：541001）
开本：720 mm × 1 020 mm　1/16
印张：12.5　　　　字数：180 千字
2019 年 7 月第 1 版　　　2019 年 7 月第 1 次印刷
定价：58.00 元

课题组成员名单

负责人：

魏　建　山东大学山东发展研究院副院长、教授、博士生导师
侯麟科　山东大学山东发展研究院副教授、博士、博士生导师

编委会成员：

李爱军　山东大学山东发展研究院副教授、博士、博士生导师
万俊斌　山东大学山东发展研究院讲师、博士、硕士生导师
任立英　山东大学经济研究院馆员
李少星　山东大学山东发展研究院副教授、博士、硕士生导师
王　瑞　太平人寿山东分公司研究员、博士
吕玉霞　山东管理学院副教授、博士
张　蕾　山东大学基建部工程师
纪小乐　山东大学经济研究院博士研究生
刘晓红　山东大学经济研究院博士研究生
于　丛　山东大学经济研究院博士研究生
蔡毅翔　山东大学经济研究院硕士研究生

序言

2017年，党的十九大胜利召开，中国特色社会主义进入了新时代——这是我国发展新的历史方位。我国经济已由高速增长阶段转向高质量发展阶段，正处在转变发展方式、优化经济结构、转换增长动力的攻关期。全面建设现代化经济体系是跨越关口的迫切要求和我国发展的战略目标。建设现代化经济体系将继续实施区域协调发展战略。

山东省把新旧动能转换当作践行新发展理念、深化供给侧结构性改革的重要抓手，当作统领全省经济发展的重大工程，积极创建国家新旧动能转换综合试验区。试验区战略的实施，很好地解决了山东在国家战略中的定位问题。

2017年，黄河三角洲高效生态经济区紧扣供给侧结构性改革主线，加快产业振兴提升，鼓励创新创业，持续促进新旧动能转换，发展质量和效益稳步提高，经济实现平稳健康发展。区域经济总体实力显著增强，2017年，黄三角区域实现地区生产总值9686.6亿元，站稳9000亿元的台阶；经济结构进一步优化，全区三次产业比例为6.9 ∶ 54.1 ∶ 39.0；新旧动能转换工程扎实推进，相关体制机制日益完善，新技术、新产业、新业态、新模式发展势头良好；对外经济取得新的进展，2017年，黄三角经济区进出口总额2673.7亿元，比上年增长25.3%，高于全省10.1个百分点，增速居“四大区域”首位；科技创新、基础设施建设以及民生社会事业发展都有新的突破。全区正朝着率先建成经济繁荣、环境优美、生活富裕的国家级高效生态经济区的目标奋力迈进。

党的十九大做出了中国特色社会主义进入了新时代的重大判断，社会主要矛盾也发生了重大变化。2017 年 12 月 18–24 日召开的中央经济工作会议明确今后 3 年要重点抓好决胜全面建成小康社会要进行的防范化解重大风险、精准脱贫、污染防治三大攻坚战。在这一宏观背景下，黄三角区域第二阶段的规划推进面临诸多新的挑战。

2018 年以后，山东省将加快推进新旧动能转换。如何将新旧动能转换与战略实施有机结合起来也是当前面临的一个重要挑战。这就需要相关部门加强研究，企业、政府通力合作，切实推进新形势下的战略实施。

由山东大学山东发展研究院编写的《黄河三角洲高效生态经济区发展报告》已经连续出版了多年，取得了良好的社会反响。面对新的发展形势，今年的发展报告围绕新旧动能转换这一山东发展的主题，继续采用“总报告＋专题报告”的写作形式，希望能对各地实践产生较好的指导作用。同时，希望科研机构与地方政府、企事业单位继续加强合作，更好地推动黄河三角洲区域的发展。

山东大学山东发展研究院院长、理事长 韩寓群

前言

2017年是“十三五”规划顺利实施的关键一年。党的十九大确立了习近平新时代中国特色社会主义思想的历史地位，制定了决胜全面建成小康社会、夺取新时代中国特色社会主义伟大胜利的宏伟蓝图和行动纲领。黄三角区域认真落实习近平总书记对山东提出的“走在前列”的根本要求和凤凰涅槃、腾笼换鸟等重要指示精神，加快推进新旧动能转换重大工程，供给侧结构性改革取得重大突破，经济社会保持持续健康发展。2017年黄三角区域实现地区生产总值9686.6亿元，接近万亿元的历史关口。

基于此，以魏建教授、侯麟科副教授为负责人的课题组，根据教育部哲学社会科学系列发展报告专项课题要求，结合黄三角战略实施所处的阶段，在山东大学大力支持下编写了《黄河三角洲高效生态经济区发展报告（2018）》。全书以新旧动转换和乡村振兴为主题，对黄河三角洲高效生态经济区建设从总体上做出评估的同时，还对区域经济空间组织、循环经济效率、新旧动能转换方向、上市公司发展、就业与创业和军民融合发展等重点问题进行了研究，希望能对各级政府、企事业单位、社会大众等有所帮助。课题组成员包括李爱军副教授、万俊斌博士、任立英馆员、李少星副教授、王瑞研究员、吕玉霞副教授、张蕾工程师，博士研究生纪小乐、刘晓红，硕士研究生于丛、蔡毅翔。

本报告共分六章，各章节的具体分工为：第一章，魏建、王瑞；第二章，任立英、李少星；第三章，李爱军、刘晓红；第四章，纪小乐、魏建；第五章，万俊斌；第六章，侯麟科、吕玉霞、于丛；第七章，侯麟科、张蕾、蔡毅翔。报告的总体思路和研究报告统稿、定稿工作由魏建完成；文字、图表的校对工作由于丛、蔡毅翔完成。限于时间和精力，错漏之处在所难免，敬请各位读者不吝赐教。

山东大学山东发展研究院

“黄河三角洲高效生态经济区发展报告（2018）”课题组

2018 年 11 月 11 日

目录

/ 第一章 /
黄河三角洲高效生态经济区总报告

魏建　王瑞[1]

2017 年是黄河三角洲高效生态经济区战略新阶段实施的第二年。数据表明，在世界经济复苏乏力、我国经济进入新常态的背景下，黄三角区域在经济、社会等诸多领域有了新的突破，高效生态经济稳步推进，朝着率先建成经济繁荣、环境优美、生活富裕的国家级高效生态经济区的目标奋力迈进。山东省新旧动能转换工程的深入推进，对黄三角区域发展提出了新的要求，黄三角区域面临新的发展机遇；同时，能否发挥政策叠加效应对黄三角区域来说也是一个全新的挑战。

第一节 经济运行

一、经济总量迈向新台阶，区域竞争压力有增无减

2017 年，黄三角区域实现地区生产总值 9686.6 亿元，站稳 9000 亿元的台阶，占全省的比重为 13.32%；增速方面，比全省 7.4% 的增速低 1.4

1　魏建，山东大学山东发展研究院副院长、教授、博士生导师；王瑞，太平人寿山东分公司研究员。

个百分点。与省内其他区域比，其经济在整体规模与发展速度方面均相对落后。2017 年，山东半岛蓝色经济区、省会城市经济圈、西部经济隆起带分别实现地区生产总值 33972.1 亿元、25281.7 亿元、21177.7 亿元，分别实现 7.2%、7.4%、7.4% 的增速（见图 1–1）。黄三角区域面临较大的区域竞争压力。

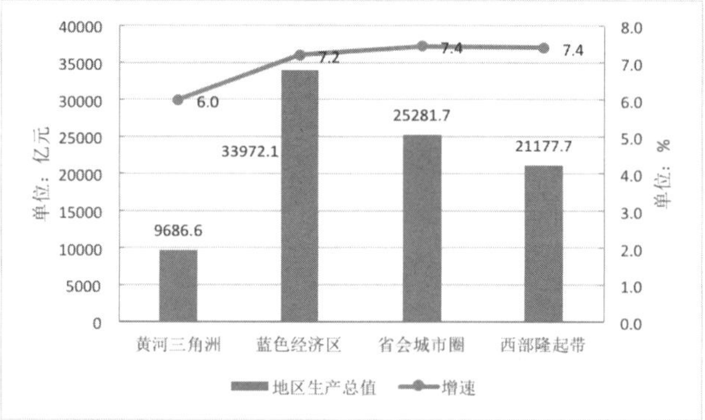

图 1–1　2017 年山东省四大区域地区生产总值及增速

数据来源：山东统计手册 2017

二、主要地区经济运行平稳

作为黄三角主战场的东营和滨州两市经济运行整体平稳。2017 年东营市实现地区生产总值 3950 亿元，增长 7% 左右。东营市规模以上工业企业主营业务收入增长 21.7%，19 家企业进入山东省企业百强，23 家企业入围山东省民营企业百强，12 家企业入围中国企业 500 强，18 家企业入围中国民营企业 500 强，均居全省前列。滨州市全年实现地区生产总值 2612.92 亿元，按可比价格计算，增长 6.2%。其中，第一产业增加值 237.17 亿元，增长 3.8%；第二产业增加值 1222.30 亿元，增长 5.8%；第三产业增加值 1153.45 亿元，增长 7.1%。人均生产总值达到 66970 元，增长 5.4%。

庆云县 2017 年完成地区生产总值 151.5 亿元，同比增长 7.2%，三次产业比例调整为 8.5 ∶ 45.5 ∶ 46.0。庆云县实现地方财政收入 6.2 亿元，增长 15.7%；实现税收收入 4.6 亿元，增长 26.4%，增幅均列德州市第 1 位。

高青县经济社会实现平稳健康发展。高青县2017年实现地区生产总值220亿元，增长8%；三次产业比例调整为11.9 ∶ 47.8 ∶ 40.3，三产比重较上年提高1.5个百分点。莱州市实现地区生产总值770亿元，基本与去年同期持平；三次产业比例由9.2 ∶ 51.5 ∶ 39.3调整为9.2 ∶ 50.5 ∶ 40.3；完成一般公共预算收入58亿元，同比下降5.8%；完成规模以上固定资产投资516亿元，同比增长5.5%。[1]

三、经济结构进一步优化，第三产业比重大幅提升

2017年，黄三角经济区实现生产总值9686.6亿元，按可比价格计算，比上年增长6.0%。其中，第一产业增加值673.1亿元，增长3.7%；第二产业增加值5235.1亿元，增长6.2%；第三产业增加值3778.4亿元，增长6.2%。全区三次产业构成为6.9 ∶ 54.1 ∶ 39.0（图1–2），其中，第二产业仍占半壁江山，比全省平均水平高8.8个百分点，居四大区域之首。分市看，东营市工业城市特征明显，第二产业增加值占比居全省首位，达到62.3%。东营市三次产业结构由3.7 ∶ 71.6 ∶ 24.7调整为3.5 ∶ 62.2 ∶ 34.3，服务业增加值增长1.8倍。

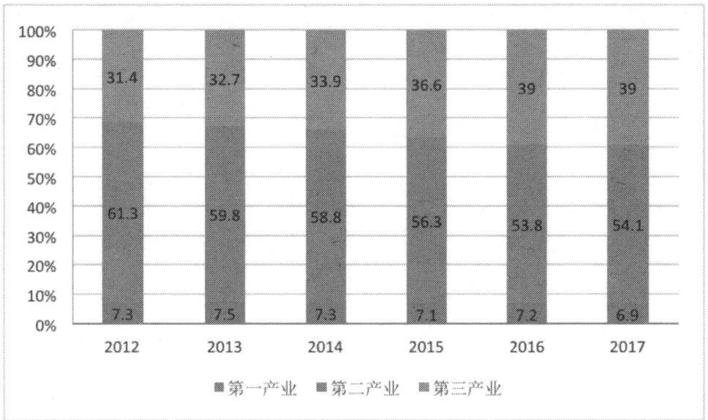

图1–2　2012–2017年黄三角区域三次产业结构变动

数据来源：山东统计手册2017

1　数据来自各地区政府工作报告、统计公报。

高新技术产业占比提高。滨州市规模以上高新技术企业产值2015.47亿元，增长10.88%，占规模以上工业企业产值的比重为27.31%，全市高新技术企业发展到100家。乐陵县2017年实现高新技术产业产值306.3亿元，占比达32.9%，提高1.4个百分点。高青县鼓励企业加快技术改造和装备升级，57个技改项目完成投资47亿元，同比增长27%，高新技术产业产值占比达29.2%。

四、新旧动能转换工程扎实推进

2017年，黄三角区域紧扣供给侧结构性改革主线，加快产业振兴提升，鼓励创新创业，持续促进新旧动能转换。

健全机制推动工程实施。滨州市按照省委、省政府部署要求，结合实际，建立实施了“五个一”[1]推进机制。加强组织领导，成立了由市委书记、市长任正、副组长的新旧动能转换重大工程建设领导小组，各县（区）、市直有关部门分别成立领导机构，形成了市、县（区）协同推进工作机制，成立了新旧动能转换专家咨询委员会；健全推进机构，正式批复设立滨州市新旧动能转换重大工程推进办公室；坚持规划引领，落实省统一部署要求，编制完成了滨州市新旧动能转换重大工程实施意见和实施规划。强化督导考核，制订了《滨州市新旧动能转换重大工程督导落实方案》，突出督导重点、明确督导任务。[2]东营结合全市安排，构建了“三个机制一个体系”，推动各项工作良好开局；建立组织机构，明确运作机制；设立推进办公室（重大办），建立推送清单制度，完善督导机制，以任务推送清单形式，向有关责任部门单位推送；制定了督导工作实施办法；加强宣传引导，形成良好舆论机制；在报纸、广播电视、新闻网站等开设了专题专栏，宣传报道新旧动能转换重大工程的总要求，广泛普及新旧动能转换知识，深入解读会议和文件精神，充分报道涌现出的先进典型，有力调动了各方面的积极性和主动性；编制出台了实施规划和实施意见，建立起全市的新

---

1 即制定好一个实施意见、编制好一个实施规划、建立好一个项目库、落实好一套责任体系、运用好一个考核办法。

2 《滨州市新旧动能转换重大工程各项工作推进顺利》滨州大众网，http://binzhou.dzwww.com/bzhxw/201805/t20180523_16503403.htm。

旧动能转换3年项目滚动储备库。[1]

加快发展现代农业。东营市实施了高端乳制品加工等20个重点项目，农业龙头企业、农民合作社、家庭农场分别发展到670家、2333家、1280家；粮食再获丰收，“渤海粮仓”科技示范工程面积达到47.2万亩。滨州市粮食产业创造了“滨州模式”。全国加快推进粮食产业经济发展现场会在滨州召开，滨州市被授予“全国粮食产业经济发展示范市”，同时邹平市玉米精深加工特色产业基地获批建设国家火炬特色产业基地。庆云县2家企业被评为农业产业化省级重点龙头企业，新增土地流转1.5万亩、家庭农场23家，完成农村党支部领办创办合作社58家。乐陵市新增专业合作社195个、家庭农场67家，规模化经营比例达37%；全市“三品一标”农产品达38件，通过了省级农产品质量安全市验收，圆满完成农村集体产权制度改革试点任务，“两权”抵押贷款试点深入推进，成为国家土地承包经营权有偿退出试点县（市）。莱州市大力发展农业“新六产”，省级农业产业化龙头企业达到7家，新增省级示范社1家，新增烟台市级示范社和示范农场8家。

新技术、新产业、新业态、新模式发展势头良好。东营市新培育省级技术创新平台17家，接收引进专科以上人才1.3万人，新增马德里国际注册商标100件、中国驰名商标1件、山东名牌产品9个，高新技术产业比重达到36.1%，国家采油装备工程技术研究中心、国家石油炼制产品质检中心通过验收，获批建设中国（东营）知识产权保护中心、创建首批国家知识产权强市。2017年滨州市电子商务交易额1787.5亿元，增长37.24%；农村电子商务网络零售额40.7亿元；2017年全市有淘宝镇5个、淘宝村26个，淘宝村数量居全省第二；全市电子商务企业及相关经营业户超过4.8万余家，电子商务服务企业超过20家，电子商务从业人员超过12万人，全市电子商务普及应用率超过75%。乐陵市电子商务产业园获评省级创业孵化示范基地，全年电子商务交易额达56亿元。莱州市完成战

1 《蝶变东营的澎湃力量！新旧动能转换，东营发展关键词》，ZAKER新闻，http://www.myzaker.com/article/5b3d80fd77ac64230155ff92/。

略新兴产业产值262亿元、高新技术产业产值490亿元，2家新建众创空间一期工程建设完毕，入驻企业93家，打造省级创业型社区5家，新增2家省级工程技术研究中心、1家省级工程实验室、1个院士工作站，全市有效发明专利达到265件；医疗健康、文化旅游、现代金融等新兴服务业发展加快。

项目推动取得突破。滨州市谋划储备了新旧动能转换重大项目555个；大数据云计算产业破题发展；滨州市工业大数据服务中心上线运行，黄河三角洲云计算大数据产业基地、华为大数据产业园加快建设。东营市建立了新旧动能转换项目库，筛选论证项目377个，计划总投资4147亿元，182个项目被列入省级创新计划。庆云县设立了5000万元新旧动能转换发展基金，52个项目入选全市新旧动能转换项目库，4个项目入选全省项目库。乐陵市加大对上争取力度，千年枣林旅游扶贫项目被列为省重点项目，齐鲁医药产业园等10个项目被列为德州市级重点项目，15个项目被列入省新旧动能转换项目库。

五、以港口建设为中心推动临港经济发展

莱州市较早地编制完成了《莱州临港产业区发展规划》，先后出台了《关于起步区土地收储办法》《关于起步区招商办法》等多个文件，完成了20平方公里土地收储任务和道路、供水、供电等“七通一平”基础设施建设工程。引进14个投资过亿元产业项目，快速形成滨海产业聚集隆起带。莱州市临港产业区内规模以上企业达到315家，实现地区生产总值613亿元，对莱州经济的贡献率达到80%。

潍坊市统筹推进潍坊滨海、寿光滨海、昌邑滨海三大板块一体发展。目前，潍坊市临港产业区总配套面积达到330.6平方公里，区域内有各类特色园区26个。潍坊市委、市政府把突破滨海作为全市战略布局的重点环节，市委、市政府出台了《关于支持潍坊滨海经济技术开发区加快发展的意见》，做出了《关于突破滨海加快蓝黄战略实施推动全市科学发展的决定》，成立了突破滨海总指挥部，市委主要领导任总指挥，市直各部门都研究制定了支持突破滨海的政策办法，39个部门与滨海对口部门联合办

公，将突破滨海列入县市区科学发展综合考核和市直部门绩效考核，使之成为全市经济转型升级的新增长极。目前，潍坊港年货物吞吐量 4200 万吨、集装箱 35 万标准箱，国内首条对流铁路冷链班列开通运行。

滨州市采取港口先行，以港带区的发展策略。目前，北部沿海百万亩未利用土地，成为滨州市发展的最大资源优势。滨州市以北海经济开发区为主体，辐射带动沾化、无棣两县，实现港区联动、港园联动，构建一港三城多园的临港产业格局，发展壮大油盐化工、清洁能源、装备制造、船舶制造等临港产业，打造新的经济增长极。2017 年 12 月，国务院正式批准滨州港为国家一类开放口岸，滨州实现了对外开放的历史性跨越；滨州海事处撤处设局，海域管辖面积由 300 平方公里扩大到 1500 平方公里，实现了对滨州港的海事管辖全覆盖，解决了港口和航运发展的瓶颈制约。

东营港建设发展迅速，港口基础设施建设明显加快，港口功能不断完善。东营港按照打造成为黄河三角洲区域中心港的要求和定位，始终牢固树立“国际标准、世界眼光”的理念，紧紧围绕建设“国际物流港”、环渤海液体化工品集散地的目标，集中力量突破港口建设。临港经济快速发展。2017 年东营港经济开发区实现地区生产总值 85.1 亿元，增长 18.7%；规模以上工业总产值 989.44 亿元，增长 20%；固定资产投资 136.17 亿元，增长 6.3%；规模以上工业用电量 18.27 亿千瓦时，增长 12.1%；财政收入 11.04 亿元，增长 39.7%；完成进出口 232.87 亿元，增长 41%，占全市比重上升至 17.7%；完成招商引资任务 83.84 亿元，签约项目 19 个，签约金额 235.94 亿元；连续 5 年入选中国化工园区 20 强。货物吞吐量首次突破 5000 万吨，达到 5418 万吨，增长 25.1%；客滚船输送旅客 24.84 万人次，增长 41.5%。港口运行进一步规范，功能进一步完善。

六、对外经济取得新的进展

2017 年，黄三角经济区进出口总额 2673.7 亿元，比上年增长 25.3%，高于全省 10.1 个百分点，增速居“四大区域”首位，比半岛蓝色经济区、省会城市群经济圈、西部经济隆起带分别高 10.4、9.0、9.0 个百分点。出口总额 1024.4 亿元，增长 10.8%；受原油进口带动，进口总额 1649.3 亿元，增长 36.4%。[1]

分地区来看，2017 年东营市进口总额 977.7 亿元，增长 39.9%，对全区增长贡献率达 63.4%。其中，原油进口额增长 95.8%，占东营市进口总额的 63.7%。滨州市 2017 年进出口 671.5 亿元，增长 16.4%，居全省第 10 位，超额完成全年目标。其中，出口 270.1 亿元，增长 8.9%；进口 401.4 亿元，增长 22.1%。境外投资走在全省前列。全年对外投资 24.2 亿元，列全省第 5 位。

利用外资稳步发展。滨州市新设外商投资企业 12 家，合同外资 7.6 亿元，增长 42.6%；实际使用外资 17.9 亿元，总额在全省排名第 10 名。东营市 2017 年新设外商投资企业 12 家，合同外资 10 亿元，同比增长 215.6%；实际到账外资 15.8 亿元，增长 6.3%。

第二节 创新与平台载体建设

一、科技创新成绩显著

2017 年，东营市获省级科学技术奖励成果 5 项，其中应用技术成果 5 项；93 家企业通过高新技术企业专家评审；有山东省科技型中小微企业 233 家，全国科技型中小企业 38 家；通过技术市场签订技术合同 1007 份，成交金额 22.41 亿元，同比增长 38.93%；承担实施省级以上科技计划项目 71 项，获得 3886 万元资金支持；共有国家工程技术研究中心 1 家、国家级科技企业孵化器 5 家、国家级众创空间 1 家、国家级星创天地 3 家、省级工程技术研究中心 50 家、省级重点实验室 5 家、省级科技企业孵化器 8 家、省级众创空间 16 家、省级“农科驿站”5 家、院士工作站 16 家。其中，东营市 2017 年新认定国家级科技企业孵化器 1 家，国家级星创天地 1 家，省级科技企业孵化器 3 家，省级众创空间 8 家，院士工作站 7 家。

1 《2017 年黄河三角洲高效生态经济区行稳向好》，山东机关建设网，http://www.sdjgjs.cn/websitenew/detailscontent.aspx?id=9386。

2017 年，滨州全市取得科技成果 180 项，增长 34.33%；获得 2017 年度省科技进步奖 3 项；奖励市科学技术进步奖 138 项；网上技术合同登记 53 项，成交金额 5.40 亿元；科技创新平台载体建设取得新进展；有省级示范工程技术研究中心 1 家；新批准组建市级重点实验室 4 家、工程技术研究中心 13 家；有独立科研机构 11 家，其中，科学研究与技术开发机构 7 家，科学技术信息和文献机构 1 家，县属研究与开发机构 2 家，研究与试验发展（R&D）单位 1 家；独立科研机构从事科技活动人员达 181 人，其中高级工程师 58 人。乐陵市建立了德州市首家公共检验检测科技服务平台，新增省级企业技术中心、省级工程实验室各 1 家，获批国家知识产权强县工程示范市。

二、园区经济集聚效果较为明显

黄三角区域发挥各类园区的集聚效应，大力发展各类园区。如潍坊市创新“飞地经济”发展模式，引导县 (市、区) 在滨海开发区建设专属产业园区，实施园区基础设施“市里配套、县区受益”的政策，目前 14 个“飞地经济”产业园规划面积 5 万亩，一期各项配套设施建设已全部完成。乐陵市与青岛保税港区签订战略合作协议，提供 5.46 平方公里土地共同打造青岛保税港区德州功能区，实现了青岛保税港区功能向内陆延伸。

各层级开发区数量较多。目前，黄三角区域拥有 4 个国家级经济技术开发区、13 家省级经济开发区和工业园区以及 2 家省级高新技术产业开发区。2017 年，潍坊市滨海区绿色工业园获批国家生态工业园区；综合保税区北区获批成立，被济南海关确定为改革试点区和先行区。潍坊（寿光）高新技术产业开发区获省政府批复，纳入省级高新区管理序列

表 1-1 黄三角区域各类开发区名录

层级	开发区名称
国家级	东营经济技术开发区
国家级	滨海经济技术开发区
国家级	滨州经济技术开发区
国家级	邹平经济技术开发区

续表

省级	高青经济开发区
省级	河口经济开发区
省级	垦利经济开发区
省级	利津经济开发区
省级	广饶经济开发区
省级	莱州工业园区
省级	莱州经济开发区
省级	惠民经济开发区
省级	阳信经济开发区
省级	无棣工业园区
省级	沾化经济开发区
省级	博兴经济开发区
省级	乐陵经济开发区
省级	庆云经济开发区
省级	东营高新技术产业开发区
省级	滨州高新技术产业开发区

资料来源：山东省统计年鉴 2017

三、城镇化加速推进

庆云县全面推进新城建设，四城联创成果凸显，以全市第一名的成绩被推荐为省级文明城市；尚堂镇被评为“全国文明村镇”；2017 年全县常住人口城镇化率达到 46.8%；实施了建县以来规模最大的棚改工程，完成柳家、解集 2 个村和新兴区、老一中等 14 个团块共 1400 亩、3529 户整体拆迁，启动了 10 个安置区建设，其中职专安置区、帽厂安置区等 4 个安置区进展迅速，棚改任务超过过去 5 年之和。

2017 年，东营市常住人口 215.46 万人，常住人口城镇化率 67.75%，比 2016 年提高 1.08 个百分点，位列全省第四位。2010 年以来，滨州市每年城镇化率增幅都高于全省平均增幅。2013 年，滨州市城镇化率达到 51.2%，城镇常住人口首次超过农村人口。2014 年，沾化撤县设区，又进一步优化了行政区划设置，中心城区、沾化区和北海经济开发区连为一体，更拓宽了中心城区的发展空间，增强了经济辐射效应，对于带动全市城乡一体化发展、加快新型城镇化进程起到了积极的推动作用。“十二五”期间，滨州市常住人口城镇化率平均增幅为 1.78 个百分点，高于省平均增幅 0.32 个百分点；2016 年达到 56.83%，比 2015 年提高 2.21 个百分点，增幅列全省第六位。[1]

第三节 民生与社会事业

一、居民收入进一步提高，地区间差距较大

近年来，黄三角区域居民收入逐年增加。以农村居民收入为例，2017 年黄三角区域实现农村居民人均可支配收入 14786 元，比 2016 年增加了 8.6%，远高于经济增速，财富分配向居民倾斜的态势已经形成。与其他区域相比，黄三角区域的农村居民收入要高于省会城市圈与西部隆起带，比半岛蓝色经济区略低，增速保持在中游水平（见图 1–3）。

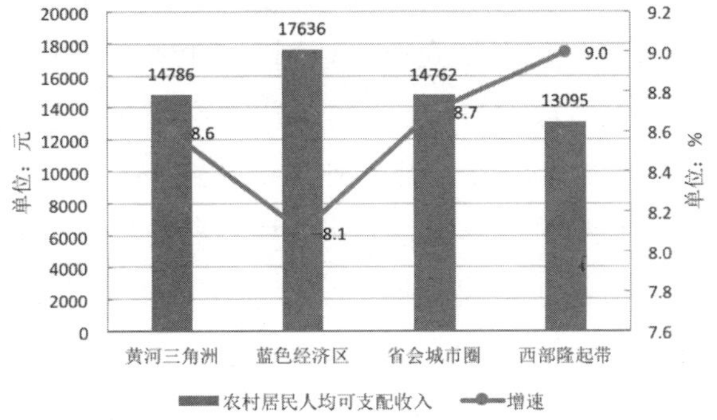

图 1–3　2017 年山东省四大战略区域农村居民收入及增速

数据来源：山东统计手册 2017

从主要地区来看，2017 年东营市城乡居民人均可支配收入分别达到

1 《划四个城镇化片区 滨州构建有序城镇等级结构》，滨州传媒网，http://www.bzcm.net/folder1/folder16/folder19/2017-12-19/2219.html。

44794 元、16247 元，分别提高 3214 元、1248 元。滨州市居民人均可支配收入为 24552 元，同比增长 8.6%。其中，滨州城镇居民人均可支配收入 32919 元，比上年增长 7.6%，四项收入均呈增长态势：工资性收入增长 6.3%，经营净收入增长 8.1%，财产净收入增长 12.4%，转移净收入增长 10.8%。滨州市农村居民人均可支配收入为 14907 元，增长 8.5%，四项收入也呈增长态势：工资性收入增长 9.2%，经营净收入增长 7.5%，财产净收入增长 8.8%，转移净收入增长 10.6%。庆云县 2017 年城镇和农村居民人均可支配收入分别达到 24447 元、12940 元，分别增长 9.3% 和 9.6%。乐陵县城乡居民人均可支配收入达到 19667 元，增长 9.5%;居民储蓄存款余额增长 8.8%，新增 13.5 亿元。莱州市城镇居民人均可支配收入达到 42070 元，同比增长 8%；农村居民人均可支配收入达到 19670 元，同比增长 8.5%。

二、多措并举，就业形势稳中有进

就业乃民生之本。2017 年，东营市直接扶持创业 8233 人，城镇新增就业 3.6 万人，失业人员实现再就业 3.1 万人。滨州市坚持就业优先，2017 年城镇新增就业 43782 人，其中就业转失业人员再就业 19281 人，就业困难人员就业 4761 人；城镇登记失业率控制在 2.12%，高校毕业生总体就业率达 96.95%；大力开发公益性岗位，全市开发公益性岗位的企业 165 家，为 828 名就业困难人员落实社保补贴和岗位补贴 1181.17 万元；78 家企业吸纳 609 名就业困难人员。庆云县实施更加积极的就业政策，着力建设人力资源市场和大学生创业孵化基地，全年新增城镇就业 2850 人。乐陵市大力推进“大众创业、万众创新”，发放创业担保贷款 500 万元，带动就业创业 700 人，全年新增就业 6400 人，农村劳动力转移就业 9000 人，城镇登记失业率控制在 3% 以内。高青县积极落实就业创业政策，县双创孵化园被评为“市级创业示范平台”。

三、公共服务事业有序推进

教育事业全面推进。2017 年，东营市新建、改扩建中小学校 37 所、幼儿园 49 所，全市一半以上的公办中小学开展了小班化教学试点。滨州市完成解决“大班额”项目363个、“全面改薄”[1]工程71个、“足球进校园”工程67个，新建、改扩建幼儿园50处；被确定为全国青少年校园足球改革试验区。庆云县教育扶贫取得重大突破，筹集设立4200余万元的扶贫助学基金，实施“三帮一”机制，兜底解决全县所有贫孤儿童从幼儿园到大学的全部费用；全国首个幸福教育小镇加快建设，解决“大班额”和“全面改薄”工程成效显著，投资8亿元建成了67所学校、101个单体工程，竣工率位居全省前列，顺利通过国家义务教育发展基本均衡县评估认定。乐陵市中小学“全面改薄”工程提前一年完成任务，城区“大班额”问题得到缓解，“县管校聘”“校长职级制”和“绩效工资制”改革深入推进，并以德州市第一名的成绩，高分通过国家义务教育发展基本均衡县评估验收。

医疗卫生事业稳步发展。东营市人民医院急诊急救中心暨内科综合病房楼投用并获鲁班奖，国家卫生城市通过复检。滨州市将居民医疗保险、基本公共卫生服务政府人均补助标准分别由420元、45元提高到450元、50元。庆云县与天津肿瘤医院等3家京津知名医院开展了分级诊疗合作，中医院医养综合体加快建设，新建5处乡镇卫生院病房楼、5处国医堂、8处农村幸福院。乐陵市人民医院、中医院、妇幼保健院分别与上海德济医院、山东省立医院、山东省中医院、山东省妇幼保健院建立了医联体协作关系；获批“全国健康促进县”。高青县将社保覆盖面进一步扩大，实现农村低保线与扶贫线“两线合一”，城市和农村低保标准分别提高到每人每月500元、每人每年4200元。莱州市建成医养结合机构14个，医养结合床位达到1705张，完成20处镇街卫生院（社区卫生服务中心）“国医堂”建设。

文化事业日益繁荣。东营市创建国家公共文化服务体系示范区在中期督查中取得优异成绩，成功举办黄河口国际马拉松赛、公路自行车赛。全国文明城市通过复审。庆云县建成9个文化馆分馆和27个图书馆分馆，村级综合文化服务中心建成率达到92%。乐陵市大力实施文化惠民工程，

1 “全面改薄”即全面改善贫困地区义务教育薄弱学校基本办学条件。

全市 490 个社区综合文化服务中心实现全覆盖；寨头堡纺织博物馆、丁坞古镇杨盘记忆馆建成启用；大型古装实景剧《始皇东巡》获评全省最受欢迎的十大文艺精品节目；乐陵市被授予“中国金丝小枣文化之乡”称号。高青县公共文化服务体系进一步完善，集图书馆、档案馆于一体的城市文化综合体项目进展顺利；“小微文化”成为全国知名文化服务品牌，获省文化创新奖；青城镇被列为省级历史文化名镇。

第四节 基础设施

一、港口设施支撑能力增强

东营港 10 万吨级航道、东营港疏港铁路开工建设、25 万吨级单点系泊工程前期工作加快推进。广利港防波堤延伸、南防波挡沙堤建成投用，实现了开港通航。潍坊港 4 个 5 万吨级和 2 个 2 万吨级泊位投入运营。山东高速投资潍坊港建设，项目总投资 30 亿元，规划分两期建设 9 个生产性泊位，2017 年建成投入运营的一期 18 号至 21 号泊位，岸线全长 1020 米，包含 2 个通用泊位和 2 个客货滚装泊位。莱州港扩建工程迅速推进，2017 年一期工程 26 万立方米原油库区项目主体工程全部竣工，并投入运营。

2018 年的省政府工作报告指出，要强化陆海统筹，整合沿海港口资源，优化口岸布局，谋划推进青岛港、渤海湾港、烟台港、日照港四大集团建设，适时组建山东港口投资控股集团公司。这意味着，渤海湾港口的建设与运营将迎来新的发展机遇。

二、机场、铁路、公路等实现新的突破

胜利机场航线增至 16 条，跑道延长工程建成投用，国产 ARJ21 飞机成功试飞。河广大道进入 PPP 采购程序，长深高速广饶至高青段、庐山路南延等工程开工，S507 董集至利津黄河大桥段改建工程具备开工条件，河广大道、南二路西延两座黄河大桥获黄委批复同意建设。阳信德大铁路至

魏桥工业园专用线主线贯通；胶济线接轨至邹平货运铁路正式开工。滨州黄河四桥工可报告获得国家黄委批复。庆云县总投资 8.58 亿元，开工建设了 186 公里的道路工程，其中 165 公里的将军路和乡村路竣工通车，国道 205 及 339 绕城改线项目进展迅速。乐陵市启动省道 240 乐陵绕城段改建、省道 314 乐陵西出口拓宽改造和滨德高速乐陵东互通立交工程，挺进路东延、枣城大街南延等道路完成建设。

三、能源、水利设施建设加快

滨州市累计铺设完成高压次高压管网 317 公里，80 个乡镇办实际接通天然气。东营市实施东一路、秋月湖供热站 4 台 58 兆瓦燃煤锅炉超低排放改造。

东营市黄水东调应急工程东营段加快推进，对广南水库进行了衬砌改造，建设引水干渠 98 公里、输水管道 8.5 公里，已经达到向胶东地区送水的条件。滨州市水利会战成果显著，全市 2016—2017 年度冬春水利会战累计投资 14.8 亿元，动用土石方 6000 万方，完成骨干沟渠清淤 358.5 公里，新增“旱能浇、涝能排”高标准农田面积 19.42 万亩，新增节水灌溉工程面积 43.35 万亩，新增和恢复蓄水能力 7507.25 万方，新增供水受益人口 41.88 万人。

第五节 生态建设与环境保护

一、加强生态建设与监测

2017 年东营市继续实施三年增绿计划，建设了一批精品亮点工程，新增造林 21.5 万亩；加强自然保护区保护治理，修复湿地 9300 亩；圆满完成生态保护红线、城镇开发边界、永久基本农田保护红线划定任务，土地节约集约利用水平不断提升； 深入实施水气土污染整治专项行动，投资 62 亿元实施 114 项治理工程，市政雨污管网改造等 91 个工程已经完成。

高青县全年新增造林7000亩，完成道路水系绿化32公里，全县林木覆盖率达32%。

滨州市安装在线监测设施706台套，其中废水、废气在线监测设施分别为362台套、344台套，实时监控重点污染源；累计建设空气质量自动监测站点43个、重点河流断面及饮用水源地监测站点11个，实时监控大气、地表水环境质量。

二、开展环境整治

滨州市全面清理整顿1914家“散乱污”企业，全面淘汰3205台燃煤小锅炉、茶浴炉及经营性小煤炉，依法关停违规269.2万吨电解铝项目。东营市清理“散乱污”企业877家，加强扬尘和挥发性有机物等的治理，二氧化硫、二氧化氮、PM10、PM2.5浓度分别较上年降低26.1%、9.5%、12.3%、13.4%；实施燃煤电厂（锅炉）超低排放改造和“工业绿动力”计划，改造取缔燃煤小锅炉1881台，压减煤炭消费量129万吨。庆云县坚决打赢大气污染防治攻坚战，落实压煤、抑尘、除味、增绿等关键措施，全县推广清洁燃煤3.2万吨，燃煤锅炉综合整治任务全部清零，完成“气代煤”改造3404户，实施11条道路绿化提升工程，完成植树造林1.6万亩，城区路面湿式机扫率达到100%；深化水污染治理，整治黑臭水体1.2万平方米，完成雨污分流管网铺设65公里，占全市同类工程总量的一半；持续开展环保绿剑行动，彻底清理“散乱污”企业200余家。

三、全面实施落实河长制

庆云县在全省率先推行河长制，深入开展清河行动，投入2000余万元累计整治河流沟渠350余公里，将41个脏乱坑塘打造成了美丽景点，3条主要河流近百项清理任务全部完成，在全省会议上做了典型发言，被评为“中国绿色发展优秀城市”。东营市全面实行河长制，开展“清河行动”和入河排污口综合整治，9个省级以上工业园区污水实现集中处理，省控河流COD、氨氮浓度分别较上年改善12.7%、34.4%，达到地表水五类标准。滨州市全面实施河长制，扎实推进“清河行动”，6个国控断面全部达标。

高青县落实县镇村三级河长制，集中开展“清河行动”，整治涉河违法行为 228 次，河湖岸线“八乱”现象得到有效治理。

四、做好环境督查整改

以迎接上级督查为契机，进一步理顺环保工作机制，完善三级网格化环境监管体系。建立环保责任追究机制，对环保工作进行常态化考核。东营市全力保障配合上级环保、海洋督察，开展整治攻坚行动，解决了大量突出环境问题。滨州市坚决改善生态环境，中央、省环保督察和环保部大气污染防治强化督查、巡查交办问题全部办结，二氧化硫、PM10 、PM2.5 平均浓度明显下降。乐陵市认真办理中央环保督察、环保部大气污染强化督查和秋冬季专项巡查反馈问题，全部整改到位。

第六节 新阶段面临的挑战

党的的十九大做出了中国进入新时代的重大判断，社会主要矛盾也发生了重大变化。中央经济工作会议明确今后 3 年要重点抓好决胜全面建成小康社会要进行的防范化解重大风险、精准脱贫、污染防治三大攻坚战。在这一宏观背景下，黄三角区域第二阶段的规划推进面临诸多新的挑战。

2018 年以后，山东省将加快推进新旧动能转换，黄三角战略有被边缘化的可能。如何将新旧动能转换与该战略的实施进行有机结合也是当前面临的一个重要挑战。

一、脆弱的生态环境与污染防治压力的矛盾凸显

黄三角沿海区域生态环境比较脆弱，淡水资源相对贫乏，风暴潮威胁较大，生态建设成本较高，近海地区生态保护及堤防修复任务较重。而黄三角区域还处于工业化发展阶段，产业结构中重化工业比重较高，节能减排与环境保护的压力非常大。2017 年 12 月中央环境督查组向山东省反馈督查情况。结果表明，黄三角区域是环境问题的重灾区。例如：反馈中提

到的滨州等地违反国家要求大力发展电解铝等过剩产能项目，电解铝总产能严重超过控制目标；潍坊市寿光侯镇海洋化工园等突破城市总体规划范围，违规建设多个化工项目；2013 年以来，滨州市魏桥创业集团违规建成 45 台机组，滨州市始终未采取有效措施制止；2014 年 12 月，滨州北海房地产开发建设有限公司未取得海域使用权，擅自占用海域建设地产项目，滨州市国土部门在企业已被海洋部门处罚并责令恢复原状的情况下，仍违规为企业办理用地手续；自然保护区侵占问题依然存在，山东黄河三角洲国家级自然保护区核心区及缓冲区共有油井等油田生产设施 300 余处；2015 年潍坊市滨海经济开发区发现化工废水渗坑，面积约 36 万平方米，废水 40 万立方米，但开发区直接将废水输送至周边晒盐池晾晒处理，并在渗坑土壤污染程度不明的情况下复土掩埋，存在环境风险隐患。[1] 这些问题的暴露是长期形成的“重经济发展、轻环境保护”的结果，说明当前已经形成严重的发展路径依赖，不利于生态保护，并且与黄三角区域高效生态的要求不相符。实现经济繁荣、环境优美、生活富裕的国家级高效生态经济区的目标任重而道远。

二、区域性潜在风险并未消除

在宏观经济持续低增长、货币政策从紧以及深化供给侧结构性改革的背景下，银行信贷资金逐步收紧，而民营企业首当其冲，融资压力持续加大。黄三角区域的东营、滨州等地民营企业资金链断裂导致互保企业突发风险事件。根据中债资信[2] 调查研究，东营市平均担保比例接近 30%，互保情况较多，且样本企业中过半数为石油炼化企业；滨州市样本企业行业分散性相对较好，但区域内曾发生多次互保危机，需关注互保代偿风险。尽管政府及时介入化解风险，但潜在的风险并未消除。在中央加大金融风险管控力度的背景下，区域性风险防范压力有增无减，不利于未来一段时间该地区经济发展所需的资金融通。这需要有关部门高度关注。

1 《中央第三环境保护督察组向山东省反馈督察情况》，山东省人民政府网，http://www.shandong.gov.cn/art/2017/12/26/art_9182_230288.html。

2 《为什么山东北部担保风险接连爆发？》，中国贸易金融网，http://www.sinotf.com/GB/News/1001/2017-09-01/zMMDAwMDI2NjQzMg.html。

三、新旧动能转换压力较大

山东把新旧动能转换作为践行新发展理念、深化供给侧结构性改革的重要抓手，作为统领全省经济发展的重大工程，积极创建国家新旧动能转换综合试验区。黄三角战略在推进过程中，尚未形成综合交通运输体系，基础设施对区域发展支撑作用相对不足；专业人才和创新载体缺乏仍然是影响和制约黄三角经济区发展的短板；在环境友好型、资源节约型发展方面进行的探索需要进一步规范化和制度化。在这样的背景下，传统经济发展模式的旧动能向新动能的转换压力较大。

第七节 新旧动能转换背景下战略推进的建议

一、加快发展规划修订完善的进程

进入新的发展阶段，针对面临的新问题与挑战，《发展规划》也应根据当前主要矛盾的变化做出适应性调整。《山东省新旧动能转换重大工程实施规划》明确指出："根据国家统一部署，评估调整山东半岛蓝色经济区、黄河三角洲高效生态经济区发展规划。"当前山东省已完成了发展规划的评估工作，并已启动了该规划的修订工作，在各地召开了座谈会以听取地方建议。规划修订应突出问题导向、具有前瞻性、更加重视生态与环境保护，并对可能面临的挑战提前做出预判，围绕三大攻坚战，推进供给测结构性改革，实现新旧动能的完美转换。

二、加强组织协调，统筹解决区域内各种问题

要进一步强化联席工作会议的权威性，推动会议精神的落地，加大规划实施的督查力度，统筹区域基础设施建设，推动互联互通，夯实区域一体化发展的基础；统筹环境治理，避免以邻为壑；构建援助机制，在"飞地经济模式"基础上，扩大合作领域；构建利益分享机制，重点在转移支付、税收分成、生态补偿等方面积极探索，取得经验后复制推广。

三、实施创新驱动，推动产业结构升级

创新是推动产业结构升级的关键。要加大创新平台建设的支持力度，加大对高新技术园区和农业科技园区建设支持力度；以搭建统一的科技成果交易信息共享平台为抓手，支持战略性新兴产业和传统产业改造升级；围绕优势产业，统筹搭建校企合作平台，建设现代化技能型人才培养基地，提升职业教育服务黄三角经济区建设的能力；强化企业创新主体地位；以黄河三角洲可持续发展产业技术创新战略联盟为基础，鼓励企业积极参与、主导创新联盟推进，联合实施产业关键共性技术攻关；实施企业创新创业协同行动，产业聚集特征明显的园区要发挥聚集带来的技术外溢效应，支持大型主导企业与上下游企业、中小企业融通发展；发挥黄河三角洲产业投资基金的引导作用，对于一些关键领域、新型产业的技术创新给予资金支持。

要积极发展具有创新引领作用的战略新兴产业。要以京东（滨州）黄河三角洲计算大数据中心、华为（滨州）云计算数据中心建设为抓手，推动信息产业发展，为实施“互联网+”行动提供数据支持，使数据中心建设成为立足滨州、辐射黄三角区域的数据支持枢纽。东营市要加快建设国家级石油石化装备制造基地，滨州市要推动航空产业快速发展，拉长产业链条，实施技术突破。要以“高效生态”为理念，创新发展新能源、新材料项目。东营市要率先建成国家新能源示范城市，推进黄河三角洲光伏领跑者项目；滨州市要加快建设瓷塑高分子复合材料产业基地。

以黄河三角洲农业高新技术产业园、黄河三角洲国家生态渔业基地为抓手，加快农业产业化升级。要加快发展农业“新六产”，发展特色农业，利用现代信息技术发展智慧农业、农村电商等新型业态，推进滨州国家级粮食产业循环经济示范区建设。

四、进一步加大基础设施建设力度

要加快港口公用基础设施及大型化、专业化码头建设，推进港口内部优化整合。由山东高速集团整合滨州港、潍坊港和东营港组建成立的渤海

湾港口集团已挂牌成立。黄三角区域应以此为契机，统筹滨州港、东营港、潍坊港基础设施建设，统一规划，统一建设，统一经营，加快资源、人才、资产集聚，推进一体化进程，形成互联互通的设施网络，以点带面，支撑临港经济区发展，使临港经济真正成为黄三角区域乃至山东省新的增长极。要以小清河复航为契机，实施内河航运工程，推进内河航道建设，同时高标准建设内河码头。在铁路建设方面，要积极争取济滨高铁、滨淄莱临、环渤海高铁项目早日开工，并做好前期准备工作。在公路建设方面，要积极推动环渤海高等级公路建设以及 G220 东营滨州段建设。

要以交通枢纽建设为抓手推动交通和物流融合发展，围绕四大港口建设临港物流产业园，加快滨州铁路物流园建设，提高物流信息化、标准化和集约化水平。

在水利设施建设方面，要加快推进沿海防波、防潮堤建设，逐步完善沿海风暴潮防御体系建设；继续推进小型农田水利建设，加快续建及节水改造工程进度，实施农村饮用水安全巩固工程。在能源设施建设方面，要进一步完善输出输入管网建设，实施节能减排，积极配合相关部门规划建设东营港、滨州港 LNG 项目。

五、强化项目库管理，构建负面清单制度

黄三角区域发展战略批复之后，相关地区相继建立了战略实施的项目库；当前根据新旧动能转换实施规划，省、市、县又相继建立了新旧动能转换项目库。黄三角区域应加快新旧项目的清理规范，强化项目库管理，将高效生态经济的发展定位与新旧动能转换的要求结合起来，制定更加严格的项目入库制度，建立并完善项目负面清单制度，寻求战略实施与工程推进的最大公约数，确保在生态环保强约束下推进新旧动能转换。

六、深化改革，优化营商环境

随着各地基础设施差异的逐步缩小，以“硬设施”为主要竞争内容的招商引资、经济发展的模式将逐步弱化，企业对地区营商环境等“软设施”的要求将更加迫切。黄三角区域脆弱的生态环境已限制了产业可选择范围，

应抓住当前“放管服”等一系列改革的契机，将改革向纵深推进，进一步优化政务环境、营商环境，提升竞争软实力。

要加快推进“放管服”改革，在重点领域和关键环节上用力，强化“一次办好”理念。要建章立制，理顺流程，认真梳理各项行政审批事项，进一步整合政府职能，建立健全制度，优化审批流程，减少办事环节，提高工作效率。

要提升信息化水平，充分发挥大数据的支撑作用，统筹信息资源整合，打通“信息孤岛”，实现共享共用，建立并完善政务公开平台、行政服务平台；实施政务“移动办理工程”，减少“窗口办理”频次。

要加强监管，切实加强对重要职能部门、关键办事环节和人员的监管，引入群众评价机制，把权力运行置于严格监督之下，打造阳光政务、廉洁政务。

要完善构建良好营商环境的体制机制。要以《滨州市优化营商环境办法（试行）》为蓝本，在全区复制推广，对优化营商环境做出规范，推进营商环境的标准化建设；探索建立营商环境评价指标体系，实施营商环境考核监督管理办法，进行动态化监管，把考核结果作为领导干部考核、评优等的重要依据。

/ 第二章 /
黄三角区域经济空间组织

任立英　李少星[1]

近年来，公路网络快速发展，高速铁路等新兴技术广泛应用，大大促进了城市间各要素的流通，促进了城市圈、都市区的发展，对既有区域经济空间格局及组织产生了深刻影响。本章首先采用空间网络分析方法对山东省时空压缩特征进行测算，以此为基础探讨山东省区域经济空间结构面临的调整和变化，并分析其对黄河三角洲区域经济空间组织策略的影响，为下一步相关规划和政策制定提供参考。

第一节 黄三角区域所在山东省交通网络体系概况

山东省拥有较完善的交通网络体系，公路、铁路、海运、内河水运、航空等运输方式齐全，运输网络范围广，公路、铁路交通网络体系健全、覆盖面广、方便快捷。对省内交通来说，不论是从交通运输的通车里程还是从运输量来看，公路和铁路交通都占据了绝大部分比重。因此本节选取公路与铁路交通形成的综合网络体系，不考虑海运、内河水运及航空运输方式。

1　任立英，山东大学经济研究院馆员；李少星，山东大学山东发展研究院副教授、博士、硕士生导师。

一、高速公路网概况

公路网主要由高速公路、国道、省道、等级公路组成的公路网体系。2017 年底山东省综合交通网络规模达到 28.3 万公里，公路密度每百平方公里 169.6 公里，高速公路通车总里程 5820 公里，通达全省 98.5% 的县（市、区）。目前已形成“五纵连四横，一环绕山东”的高速公路框架：南北方向有京沪、京台、沈海、长深、济广高速，东西方向有青银、青兰、荣乌、日兰高速，另有多条区间高速——潍烟、青威、济聊、滨莱、泰莱高速等。高速公路与国道、省道、等级公路密切配合，形成了以高速公路为骨架、以干线公路为依托、以济南为总枢纽、以青岛为副枢纽、以各地级市为区域公路交通枢纽的交通网络体系。在交通网络体系中，高速公路作为快速交通通道是公路网的骨架，对城市间交通尤其是远距离城市间交通发挥着重要的作用，但对县级及县以下区域，高速公路必须与国道、省道密切衔接配合，才能使得交通骨架的快速优势延伸到全省各个区域，整体提升腹地的交通状况。

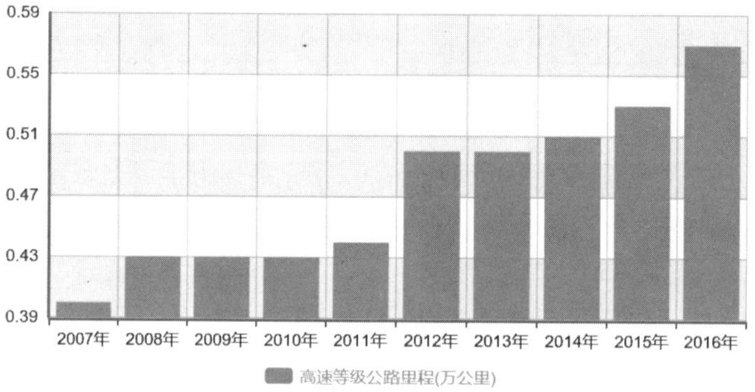

图 1-1　山东省 2007-2016 年高速等级公路通车里程增长一览表

数据来源：国家统计局网站

二、铁路网概况

山东省铁路线主要有京沪线、京九线、邯济线、新兖线、胶济线等，全省超过 70% 的县级以上城市有火车站点，共有铁路车站 97 个，铁路通达覆盖面较大。至 2017 年底，山东省铁路运营里程达到 5700 公里。

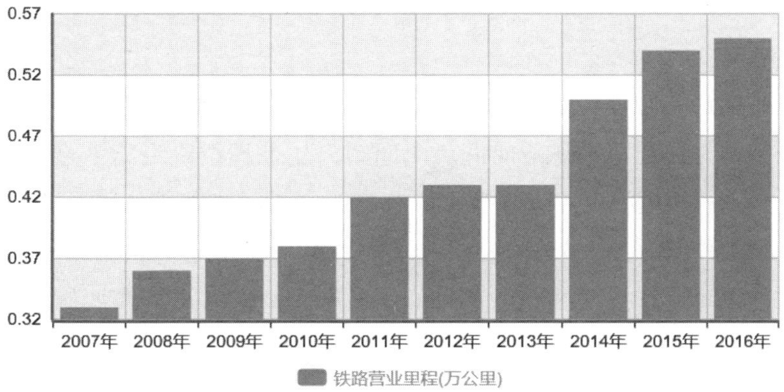

图 1-2　山东省 2007-2016 年铁路营业里程增长一览表

数据来源：国家统计局网站

自 2011 年山东省首条高速铁路——京沪高铁运行以来，其客运量每年增幅 25% 以上，大大提高了沿线城市的可达性，减少了通达时间，与高速公路、国省道网络一起带动腹地的可达性。目前山东省有京沪、济青客车专线、青烟荣威城际铁路三条高速铁路线，18 个高铁车站，营运里程 1240 公里。高速铁路输送能力强、运行速度快、能量消耗低、安全舒适性好，是下阶段城际交通建设的主要方向。

山东省规划的"三横五纵"快速铁路网项目已经全部列入国家《中长期铁路网规划》和《环渤海地区山东半岛城市群城际铁路规划》，其中的最北部一横向线路途经黄三角区域的莱州市、昌邑市、寒亭区、寿光市、滨州市。规划 2030 年铁路营业里程 9000 公里，高速铁路通达所有地级市。虽然目前我国高速铁路的运输量占交通总量的比重并不大，但作为快速路网交通体系发展的主要方式，随着通车区域不断扩大，将成为城际交通的主要交通方式，会对城市经济区组织产生显著的影响。

第二节 黄三角区域所在山东省时空压缩效应数据测算

本节用时间距离数据反应时空压缩效应。时间距离是指城市节点间采用某种交通方式到达的最短时间。时间距离比地理位置距离更直观地反映城市间交通的便捷程度，能综合反应节点的交通区位优势及路网设施情况。我们选取山东省内 107 个县级及以上行政节点为研究节点，借助 ArcGIS 平台及 12306 铁路官方网站获取节点间的时间距离，并进行最短旅行时间、区位拟合分析。

一、研究节点的选取

我们选取山东省设区市、县级市、县为研究节点。2016 年，山东省有 17 个地级市、27 个县级市、58 个县，设区市的市内交通距离不大（未考虑市内道路交通拥堵的因素），所以设区城市作为一个研究节点。另外，济宁市的兖州区、威海市的文登区、德州市的陵县区、滨州市的沾化区、济南市的章丘区 5 个新划市辖区，与现属城市中心区仍有一定的交通距离，

表 2-1 山东省 107 个研究节点列表

序号	节点名称	序号	节点名称	序号	节点名称	序号	节点名称
1	济南市	10	莱西市	19	利津县	28	栖霞市
2	章丘市	11	淄博市	20	广饶县	29	海阳市
3	平阴县	12	桓台县	21	烟台市	30	潍坊市
4	济阳县	13	高青县	22	长岛县	31	临朐县
5	商河县	14	沂源县	23	龙口市	32	昌乐县
6	青岛市	15	枣庄市	24	莱阳市	33	青州市
7	胶州市	16	滕州市	25	莱州市	34	诸城市
8	即墨市	17	东营市	26	蓬莱市	35	寿光市
9	平度市	18	垦利县	27	招远市	36	安丘市

续表

序号	节点名称	序号	节点名称	序号	节点名称	序号	节点名称
37	高密市	55	威海市	73	德州市	91	临清市
38	昌邑市	56	文登市	74	陵县	92	滨州市
39	济宁市	57	荣成市	75	宁津县	93	沾化县
40	兖州市	58	乳山市	76	庆云县	94	惠民县
41	微山县	59	日照市	77	临邑县	95	阳信县
42	鱼台县	60	五莲县	78	齐河县	96	无棣县
43	金乡县	61	莒县	79	平原县	97	博兴县
44	嘉祥县	62	莱芜市	80	夏津县	98	邹平县
45	汶上县	63	临沂市	81	武城县	99	菏泽市
46	泗水县	64	沂南县	82	乐陵县	100	曹县
47	梁山县	65	郯城县	83	禹城市	101	单县
48	曲阜市	66	沂水县	84	聊城市	102	成武县
49	邹城市	67	兰陵县	85	阳谷县	103	巨野县
50	泰安市	68	费县	86	莘县	104	郓城县
51	宁阳县	69	平邑县	87	茌平县	105	鄄城县
52	东平县	70	莒南县	88	东阿县	106	定陶县
53	新泰市	71	蒙阴县	89	冠县	107	东明县
54	肥城市	72	临沭县	90	高唐县		

故保留为研究节点。在表中，新划区沿用过去的市名。因此，本部分共选取 17 个地级市、28 个县级市、58 个县、5 个新划区共 107 个节点进行分析。黄三角经济区 9 个节点，其中寒亭区数据以潍坊市数据代替并进行分析。

二、公路最短时间距离数据的选取

山东省行政区划省界、地市界、县界、水域数据、地级市政府驻地、山东省公路路网数据等信息均来自国家地理信息中心《国家基础信息 GIS 图》。具体处理过程如下：把山东省公路网道路信息导入 ArcGIS10.0 平台，并参照《公路工程技术标准（JTGB–2003）》规定的道路设计速度，综合实际行驶经验，不考虑城市市内交通的拥堵因素影响，赋予表 2–2 所示的车辆行驶速度。我们运用 ArcGIS 的 Network Analyst 模块进行 O-D 路径分析，对任意两节点之间所有到达的路径进行测算，筛选最快到达的交通路径为公路最短时间路径，到达最快时间作为公路的时间距离。我们共筛查得出 11449 条公路最短时间距离数据。

表 2-2　公路交通网络道路等级公路与行驶速度匹配表

道路类型	高速公路	国道	省道	其他道路
速度（km/h）	96	80	64	20

由于公路交通具有双向通车性，最短到达时间数据为双向等值的，即由 A 节点到 B 节点的最短时间及最优路径，与由 B 节点到 A 节点的最短时间及路径是一致的。

三、铁路时间距离数据的选取

我们对有铁路通行的城市节点，进行到达时间查询，获得铁路时间距离数据。山东省共有各类火车站 97 个，其中 17 个火车站为镇级火车站或偏离研究节点，不作为本论文数据来源，对其余属于节点城市的 80 个火车站进行查询。我们利用铁路官方火车车次查询网站 http://www.12306.cn，对节点城市进行点对点查询，查询时间为 2017 年 10 月 1 日至 15 日，不考虑车次频率、车次时间段的影响，筛选直达车次的最短到达时间，共筛查得到 1353 条火车最短到达时间作为火车时间距离数据。

由于火车时间距离数据数量远少于公路时间距离数据数量，为便于数据分析，我们对火车时间距离数据作如下处理：一是忽略火车站点实际位置与节点选取位置的偏差；二是对有多个火车站的研究节点进行了火车站点合并，例如济南市有济南、济南东、济南西三个火车站，在选取火车最短时间时这三个火车站作为一个节点进行合并筛选，忽略火车站点的位置偏差。例如，筛选济南到烟台的火车最短达到时间，即筛选济南、济南东、济南西到烟台、烟台南的所有班次中的最短到达时间作为济南到烟台的铁路时间距离。

与公路数据不同的是，铁路数据由于受车次和列车类型的限制，少量火车的往返时间距离不一致，但偏差不大，受分析方法的限制，必须选取一致的数据值，所以选取往返时间距离的平均值作为双向的时间距离。

在107个节点城市中有65个节点城市有火车站，其中有高铁站的节点共22个：济南市，青岛市，潍坊市，淄博市，烟台市，威海市，枣庄市，章丘市，泰安市，曲阜市，高密市，青州市，海阳市，滕州市，德州市，昌乐县，荣成市，文登市，牟平市，莱阳市，莱西市，即墨市。从火车时间距离很明显地可以看出，高速铁路大大缩小了动车节点城市的时间距离。

四、节点时间距离矩阵数据的形成

我们对公路时间距离和铁路时间距离数据进行合并处理，选取两者的最小值作为节点间的时间距离，最终形成山东省县级以上节点城市的时间距离数据，形成由641条铁路时间距离和10701条公路时间距离形成的、数据总量为11449条的时间距离数据，对数据进行矩阵排列，得到山东省107个节点的时间距离矩阵T：

$$T = [\ T_{ij}\ ]_{107*107} \quad i=1,2,3\cdots107,\ j=1,2,3\cdots107 \qquad \text{（公式 2–1）}$$

式中，T_{ij}表示节点i到节点j的最短交通时间，当i=j时，$T_{ij}=0$；当$i \neq j$时，$T_{ij}=T_{ji}$，矩阵为107行、107列的大型矩阵，数据较大不便本文中展示。

时间距离数据的总量为11449条。其中，铁路数据641条，占数据总量的5.65%；公路数据10701条，占数据总量的94.43%。由此可见，山东省绝大多数城市间以公路网络交通最为便捷。最大值为曹县到荣成8.709小时，最小值为莒县到沂水0.167小时。若以公路最优路径距离与时间距离的比值代表通行速度，公路的速度最大值95.1km/h，最小值25.6km/h，平均值83 km/h；铁路的通行速度最大值300.4 km/h，最小值63.5 km/h，平均值133.9 km/h。由此可见，铁路的速度比汽车优越性明显。

第三节 黄三角区域所在山东省时空压缩效应格局

一、最短旅行时间分析

最短旅行时间是指区域内所有节点到达某个节点的最短时间，主要因素为节点在区域中所处的地理位置及交通基础设施条件。该指标很直接地反映了节点在研究区域内的交通区位优劣势。A_i 值越小，表示 i 节点在研究区域中的交通区位优势越好；A_i 值越大，则表示交通区位优势越差。计算公式为：

$$A_i = \sum_{j}^{n} = T_{ij} (j = 1,2,3\cdots\cdots n) \quad （公式 3-1）$$

根据节点的时间距离矩阵 T，利用公式 3-1，可得到山东省所有节点城市的最短旅行时间，表 3-1 为山东省 107 节点城市的最短旅行时间表。

表 3-1 山东省 107 节点城市最短旅行时间表（单位：小时）

序号	节点名称	最短旅行时间	序号	节点名称	最短旅行时间	序号	节点名称	最短旅行时间
1	济南市	235.10	16	昌乐县	294.66	31	兖州市	313.13
2	淄博市	245.48	17	肥城市	295.78	32	平邑县	313.22
3	泰安市	252.73	18	平阴市	295.96	33	泗水县	315.39
4	章丘市	254.14	19	潍坊市	296.48	34	德州市	315.69
5	邹平市	261.48	20	广饶县	297.19	35	东阿县	317.11
6	莱芜市	265.02	21	博兴县	298.49	36	商河县	317.79
7	桓台县	269.06	22	高青县	299.47	37	宁阳县	318.57
8	齐河县	270.44	23	临邑县	301.99	38	利津县	319.61
9	青州市	273.84	24	滨州市	303.63	39	汶上县	321.15
10	曲阜市	276.40	25	寿光市	304.39	40	沂水县	321.99
11	济阳县	280.86	26	邹城市	305.46	41	聊城市	323.64
12	沂源县	285.18	27	临朐县	306.88	42	平原县	325.13
13	蒙阴县	289.97	28	高唐县	307.06	43	费县	326.83
14	禹城市	292.44	29	茌平县	307.76	44	陵县	327.50
15	新泰市	293.83	30	东平县	309.76	45	济宁市	328.28

续表

序号	节点名称	最短旅行时间	序号	节点名称	最短旅行时间	序号	节点名称	最短旅行时间
46	安丘市	330.90	67	胶州市	356.55	88	郯城县	399.53
47	惠民县	331.06	68	平度市	356.61	89	鄄城县	411.76
48	莒县县	332.37	69	阳谷县	365.78	90	鱼台县	417.65
49	滕州市	333.13	70	庆云县	366.32	91	定陶县	417.83
50	昌邑市	333.88	71	武城县	367.50	92	成武县	430.20
51	临沂市	334.36	72	即墨市	368.57	93	招远市	430.36
52	诸城市	336.66	73	莘县	369.98	94	单县	437.64
53	沂南县	340.28	74	兰陵县	370.13	95	栖霞市	441.64
54	梁山县	340.54	75	日照市	373.43	96	东明县	443.43
55	夏津县	341.51	76	莱西市	375.36	97	曹县	445.99
56	东营市	341.71	77	莱州市	378.24	98	龙口市	446.64
57	沾化县	342.58	78	莒南县	379.21	99	海阳市	447.93
58	阳信县	343.41	79	青岛市	379.94	100	蓬莱市	482.59
59	嘉祥县	343.67	80	宁津县	383.37	101	烟台市	483.63
60	郓城县	344.88	81	临清市	385.35	102	乳山市	490.56
61	枣庄市	346.30	82	临沭县	387.53	103	冠县	500.57
62	高密市	346.34	83	乐陵县	388.82	104	长岛县	533.25
63	无棣县	348.67	84	微山县	390.11	105	文登市	538.23
64	垦利县	350.33	85	莱阳市	390.15	106	威海市	549.02
65	五莲县	351.87	86	金乡县	391.00	107	荣成市	580.92
66	巨野县	356.07	87	菏泽市	396.32			

表 3–2 描述了山东省 107 节点的最短旅行时间统计情况，从中可以看出，山东省最短旅行时间数据差异较大，节点的区位优劣势区分明显。图 3–1 为 107 节点城市最短旅行时间等级分布热力图。

表 3–2 山东省 107 节点城市最短旅行时间数据统计

最短旅行时间最小值城市	济南市
最短旅行时间最小值	235.1（小时）
最短旅行时间最大值城市	荣成市

续表

最短旅行时间最大值	580.9（小时）
所有节点平均旅行时间平均值	353.2（小时）
标准差	67.7（小时）
标准差系数	19.2%

山东省节点最短旅行时间有以下特征：

1. 最短旅行时间总体上以济南市、淄博市、泰安市、莱芜市为中心区向外延伸增加，烟台市、威海市这些位于大陆顶端部位的沿海末梢城市的最短旅行时间最长。

2. 青岛市作为山东省交通枢纽副中心，最短旅行时间优势并不明显。

3. 最短旅行时间呈不均衡变化。有高速铁路通达的节点明显低于其周边临近的节点，而东南部的临沂市、日照市，西南部的菏泽市、聊城市等节点离中心区越远，最短旅行时间越长。

4. 菏泽市的整体交通可达性较低。冠县与聊城市为相邻节点，地理位置偏差不大，但两者的最短旅行时间差距较大（冠县 500.57，聊城 323.46）。这表明冠县与周围其他节点的交通网络并不通畅。

二、基于时间距离矩阵的区位拟合分析

我们采用 MDS（Multidimensional Scaling）多维尺度分析方法对时间距离数据进行区位拟合，可视化表达节点以时间距离为相对距离的区位定位，更能直观地反映交通产生的时空压缩效应或拉伸效应对节点的区位影响。

Nobbir Ahmed、Harvey J. Miller 对时空距离的在空间的表达方法提出了时空图分析法，共有三个步骤：第一，OD 数据获取，将分析区域中任意两节点之间的距离数据放入 n*n 的矩阵之中；第二，利用多维尺度变换方法进行递归变换，最终获得拟合程度最佳的节点新坐标；第三，再根据拟合程度选择在二维或三维坐标上绘制拟合空间，并将其与实际地理空间进行叠合比较。本文参照该方法进行区位拟合分析。

多维尺度分析是一种基于研究对象之间的相似性或距离，将研究对象

在一个低维（二维或三维）的空间形象地表示出来，以空间中的点表示变量之间潜在的规律性联系，进行类聚或维度分析的图示法。确定研究对象之间的相似性或距离，用相似性数据或距离数据形成一个研究节点的距离矩阵或关系矩阵为该分析方法的核心，矩阵中节点自身之间的相异性或到自身节点的距离为0，节点间共有 $m=\frac{n(n-1)}{2}$ 个相异值，矩阵为对角线为0的对称矩阵。其基本原理如下：

假设有n个客体，客体j和客体k之间的相异性为 δ_{jk}，在p次维的空间中，点间的欧氏距离大小 $d_{jk}=\sqrt{\sum_{i=1}^{p}(x_{ij}-x_{ik})^2}$ ，x_{ij} 为点j在i次维度空间中的坐标，x_{ik} 为点k在i次维度空间中的坐标，p为维度。

在MDS模型中假定：$\delta_{jk}\approx f(\delta_{jk})$。其中，当 δ_{jk} 为相似性时，f为单调降函数。当 δ_{jk} 为相异性时，f为单调增函数，若样本之间没有相等值，则构造出一个具有与源数据对应大小的矩阵：

$$\Delta=\{\delta_{j1k1},\delta_{j2k2},\cdots\delta_{jmkm}\}$$

其中，m为相异或相似值的有效个数。

为度量上述矩阵的拟合程度，Kruskal提出了应力系数（Stress coefficient）这一检验统计量。它代表实际距离与空间表征上的预测距离间的差距（误差）占实际总距离的比率，计算公式为：

$$S=\sqrt{[\sum_{j=1}^{n}\sum_{k=1}^{n}(d_{jk}-\hat{d}_{jk})^2/\sum_{j=1}^{n}\sum_{k=1}^{n}(d_{jk}-\bar{d})^2]}$$

式中，d_{jk} 是客体间欧氏距离；$\hat{d}_{jk}$ 是在该空间表征下两客体间的预测距离；$\bar{d}$ 是所有可体检欧式距离的平均数。

Stress系数和拟合指数RSQ（R-squared）是目前用来检验MDS空间表征构图拟合优度最常用的指标，Stress系数判断标准为：Stress系数小于0.05为拟合极好；Stress系数小于0.1为拟合较好，Stress系数小于0.2为拟合一般，Stress系数大于0.3为拟合较差。RSQ指数表示拟合的解释程度，RSQ应大于0.6。其值越大，模型的解释力越强。

SPSS统计软件提供了多种MDS算法，其中PROXSCAL算法利用最小二乘法原则将多维数据在低维空间中进行表达。它通过多次坐标移动获得一个最佳拟合空间，尽可能保证拟合空间的个点之间的距离与其欧氏空间距离插值的平方和趋近最小，以标准化原始压力、离散考虑情况 (D.A.F.) 等参数衡量拟合效果。

我们将节点的最短时间距离数据导入统计软件SPSS中，利用PROXSCAL算法进行空间拟合。经过多维尺度拟合运算，拟合结果显示：标准化原始压力值为0.00928，离散考虑情况为0.99072，根据拟合评价指标，标准化原始压力接近于0，离散度接近1，说明图形的拟合效果非常好。该方法可以根据最短时间距离在二维空间比较准确的拟合节点的区位。因此，可以认为拟合结果能够准确反映交通可达性对节点格局的影响。

我们以济南市为锚点，对比拟合节点区位图与山东省行政区位图，发现所有节点的区位发生了移位。主要有以下几种移位情况：一是集聚性移位，以某些节点为中心，周围节点出现不同程度的聚集移位，如济南市、潍坊市、济宁市周围的节点密度增大；二是疏散性移位，在沂水县、诸城市、安丘市、沂源县、费县围成的较大区域内没有节点，烟台市、威海市的节点南北方向拉伸明显；三是位于省边界的边缘节点受研究范围及路网选取的影响，出现较明显的移位。

从以城市群、城市圈的区域范围角度来看，节点产生以城市群、城市圈发展框架的整体移位，移位方向和范围符合城市群、城市圈的发展实际。节点在区域上的整体变化体现在以下几个方面：

1. 全省的东西跨度距离压缩特征明显。

节点在东西方向的分布跨度明显缩短，从山东省行政节点图上看（长岛县除外）东西端点分别为东明县、荣成市，南北端点分别为郯城县、蓬莱市。从时间距离拟合区位图上看，东西端点分别为成武县、荣成市，南北端点为冠县、郯城县，两个图的东西跨度与南北跨度距离比由2 ∶ 1降为1.38 ∶ 1。说明时间距离对东西方向的压缩程度比南北方向显著。这是由于东西方向有济青城际高铁、荣威高铁，缩短了东部沿海的烟台市、威海市、荣成市与中西部节点城市的时间距离。

2. 重点城市的交通枢纽作用明显。

济南、青岛、潍坊、烟台四个城市圈节点聚集程度明显，济淄泰莱德聊城市圈呈现以济南为中心的环聚状态；青岛、潍坊、烟台三个城市圈呈三角状态分布。

3. 沿海城市节点聚拢收敛明显。

鲁东半岛地区所有节点明显向南、向西偏移，沿南侧海岸线聚集，形成沿海城市节点压缩收敛状态。在行政区位图上，威海市、烟台市、海阳市、青岛市、日照市为折现状态，在可达性区位图上，威海市、烟台市、海阳市、青岛市、日照市基本在一条直线上，节点间距离大大缩短。

4. 鲁西南地区城镇带整体向北、向东靠拢鲁中地区，重要交通节点菏泽市、济宁市、枣庄市、滕州市都向北、向东偏移。尤其是最西南部的菏泽市，城市节点整体向济南城市圈靠拢。鲁东南地区临沂市、日照市节点位置偏移不明显。

我们基于对拟合区位图的节点位置偏移分析，对山东省交通网络提出以下建设规划建议：加强山东省纵向、横向快速交通道建设，整体提升山东省交通网络体系；加强鲁西南地区，尤其是菏泽市的区域交通网络；建设沿海城市快速交通道，并完善沿海与内陆的交通道。

第四节　黄三角区域所在山东省经济空间组织格局

一、基于时间距离的城市吸引力测算

本节利用时间距离数据及经济指标数据，采用城市吸引力模型，计算核心城市对其他节点城市的吸引力，以对节点的最大吸引力城市确定节点的所属城市经济区，获得核心城市吸引力覆盖范围，并将城市经济区划分为不同等级，构建基于时间距离的山东省城市经济区组织，对目前山东省城市经济区发展提出调整建议。

城市吸引力是反映一个城市对另一个城市的吸引力强弱的指标，与城市的经济实力、交通阻力有密切关系。城市吸引力模型如公式 4–1 所示，

P_i 为节点 i 的城市吸引力值；M_i 为节点 i 的经济实力，可采用市区人

口规模、地区生产总值或社会商品销售总额等指标；D^{α}_{ij} 表示交通工具从节点 i 与节点 j 的交通阻力，可采用路径距离、时间距离等指标；α 为距离摩擦系数，其值的选取与研究区域的范围有关，一般大尺度联系的取值选取 1，小尺度联系的区域性研究选取 2。可见，经济实力越强、交通阻力越小，节点城市对另一节点的吸引力就越大。

$$P_i = \sum_j^n = 1 \frac{M_i}{D_{ij}^{\alpha}} \quad (i=1,2,\cdots\cdots17; j=1,2,\cdots\cdots106) \qquad \text{（公式 4-1）}$$

本节选取山东省 17 个地级城市作为核心城市，选用城区常住人口及暂住人口总和作为城市规模指标，以时间距离作为交通阻力指标，摩擦系数取值 2，计算 17 个核心城市对其他节点的城市吸引力。

我们把时间距离数据、2016 年城区人口数据代入公式 4-1，计算得出 17 个核心城市对其他节点城市的吸引力数据（数据量较大，不详细展示）。计算结果显示，17 个核心城市对节点的吸引力值范围为 1.2-6210.3，跨度范围很大。最大城市吸引力为青岛市对即墨市，吸引力值为 6210.3；最小城市吸引力为菏泽市对荣成市，吸引力值仅为 1.2。节点所受的 17 中心城市吸引力总值最大的为即墨市，数值为 6775.9；最小的为冠县，数值为 135.2, 仅为即墨市的 2%。整理对 107 节点的产生最大吸引力的核心城市，结果如表 4-1 所示。

表 4-1　山东省 107 个节点城市的最大吸引力的核心城市列表

序号	城市节点	最大吸引力中心城市	序号	城市节点	最大吸引力中心城市	序号	城市节点	最大吸引力中心城市
1	安丘市	潍坊市	10	德州市	济南市	19	高青县	滨州市
2	滨州市	东营市	11	定陶县	菏泽市	20	高唐县	济南市
3	博兴县	滨州市	12	东阿县	济南市	21	冠　县	济南市
4	曹　县	菏泽市	13	东明县	菏泽市	22	广饶县	济南市
5	昌乐县	潍坊市	14	东平县	济宁市	23	海阳市	烟台市
6	昌邑市	潍坊市	15	东营市	滨州市	24	菏泽市	济宁市
7	成武县	菏泽市	16	肥城市	泰安市	25	桓台县	济南市
8	茌平县	聊城市	17	费　县	临沂市	26	惠民县	济南市
9	单　县	济宁市	18	高密市	青岛市	27	即墨市	青岛市

续表

28	济南市	泰安市	49	临朐县	潍坊市	70	荣成市	威海市
29	济宁市	济南市	50	临沭县	临沂市	71	乳山市	烟台市
30	济阳县	济南市	51	临沂市	枣庄市	72	商河县	济南市
31	嘉祥县	济宁市	52	临邑县	济南市	73	莘 县	聊城市
32	胶州市	青岛市	53	陵 县	德州市	74	寿光市	潍坊市
33	金乡县	济宁市	54	龙口市	烟台市	75	泗水县	济宁市
34	莒南县	临沂市	55	蒙阴县	临沂市	76	泰安市	济南市
35	莒 县	临沂市	56	宁津县	济南市	77	郯城县	临沂市
36	巨野县	济宁市	57	宁阳县	济宁市	78	滕州市	济南市
37	鄄城县	菏泽市	58	蓬莱市	烟台市	79	威海市	烟台市
38	垦利县	东营市	59	平度市	青岛市	80	微山县	枣庄市
39	莱芜市	济南市	60	平邑县	临沂市	81	潍坊市	青岛市
40	莱西市	青岛市	61	平阴县	济南市	82	文登市	威海市
41	莱阳市	烟台市	62	平原县	德州市	83	汶上县	济宁市
42	莱州市	青岛市	63	栖霞市	烟台市	84	无棣县	滨州市
43	兰陵县	临沂市	64	齐河县	济南市	85	五莲县	青岛市
44	乐陵县	济南市	65	青岛市	潍坊市	86	武城县	德州市
45	利津县	滨州市	66	青州市	潍坊市	87	夏津县	济南市
46	梁山县	聊城市	67	庆云县	滨州市	88	新泰市	莱芜市
47	聊城市	济南市	68	曲阜市	济南市	89	烟台市	威海市
48	临清市	聊城市	69	日照市	青岛市	90	兖州市	济宁市
91	阳谷县	聊城市	97	禹城市	济南市	103	招远市	烟台市
92	阳信县	滨州市	98	郓城县	聊城市	104	诸城市	青岛市
93	沂南县	临沂市	99	枣庄市	济南市	105	淄博市	济南市
94	沂水县	临沂市	100	沾化县	滨州市	106	邹城市	济南市
95	沂源县	济南市	101	章丘市	济南市	107	邹平县	济南市
96	鱼台县	济宁市	102	长岛县	烟台市			

由表 4–1 可以看出，由于作为节点的最大吸引力核心城市出现的频率不同，济南市对周围节点的吸引力优势很明显，青岛市、济宁市等核心城市出现的频率较低，淄博市、日照市未作为最大影响力核心城市出现。

表 4-2 基于时间距离的山东省区域经济区等级表

<table>
<tr><th>序号</th><th>核心城市</th><th>节点数量</th><th>城市经济区范围</th><th>级别</th></tr>
<tr><td>1</td><td>济南市</td><td>28</td><td>德州市、东阿县、高唐县、冠县、广饶县
桓台县、惠民县、济宁市、济阳县、莱芜市
乐陵县、聊城市、临邑县、宁津县、平阴县
曲阜市、商河县、泰安市、滕州市、夏津县
沂源县、禹城市、枣庄市、章丘市、淄博市
邹城市、邹平县、齐河县</td><td>一级核心城市</td></tr>
<tr><td>2</td><td>济宁市</td><td>11</td><td>单县、东平县、菏泽市、嘉祥县、金乡县
巨野县、宁阳县、泗水县、汶上县、兖州市、鱼台县、</td><td rowspan="2">二级核心城市</td></tr>
<tr><td>3</td><td>青岛市</td><td>10</td><td>高密市、即墨市、胶州市、莱西市、莱州市
平度市、日照市、潍坊市、五莲县、诸城市</td></tr>
<tr><td>4</td><td>临沂市</td><td>10</td><td>费县、莒南县、莒县、兰陵县、临沭县、
蒙阴县、平邑县、郯城县、沂南县、沂水县</td><td rowspan="2">二级核心城市</td></tr>
<tr><td>5</td><td>烟台市</td><td>9</td><td>海阳市、莱阳市、龙口市、蓬莱市、栖霞市
乳山市、威海市、长岛县、招远市</td></tr>
<tr><td>6</td><td>滨州市</td><td>8</td><td>博兴县、东营市、高青县、利津县、庆云县
无棣县、阳信县、沾化县、</td><td rowspan="4">三级核心城市</td></tr>
<tr><td>7</td><td>潍坊市</td><td>7</td><td>安丘市、昌乐县、昌邑市、临朐县、青岛市、青州市、
寿光市</td></tr>
<tr><td>8</td><td>聊城市</td><td>6</td><td>茌平县、梁山县、临清市、莘县、阳谷县
郓城县</td></tr>
<tr><td>9</td><td>菏泽市</td><td>5</td><td>成武县、曹县、定陶县、东明县、鄄城县</td></tr>
<tr><td>10</td><td>威海市</td><td>3</td><td>荣成市、文登市、烟台市</td><td rowspan="6">四级核心城市</td></tr>
<tr><td>11</td><td>德州市</td><td>3</td><td>陵县、平原县、武城县</td></tr>
<tr><td>12</td><td>东营市</td><td>1</td><td>滨州市、垦利县</td></tr>
<tr><td>13</td><td>泰安市</td><td>1</td><td>肥城市、济南市</td></tr>
<tr><td>14</td><td>枣庄市</td><td>1</td><td>临沂市、微山县</td></tr>
<tr><td>15</td><td>莱芜市</td><td>1</td><td>新泰市</td></tr>
</table>

由表 4-2 可看出，17 个核心城市中有 15 个对其他城市节点产生最大吸引力，形成城市吸引力范围区，2 个未作为任何城市节点的最大吸引力

核心城市。我们根据最大吸引力节点数量将核心城市划分为4个等级，相应的区域经济区也分为4个等级。济南市吸引力范围最大，吸引了28个城市节点，涵盖了山东省四分之一的节点，成为一级城市经济区中心。我们可以以济南为中心构建济南区域经济区作为一级区域经济区。济宁市、青岛市、临沂市、烟台市吸引的节点在10个左右，成为区域性的二级城市经济区中心。我们可以以它们为中心构建济宁、青岛、临沂、烟台4个二级区域经济区；滨州市、潍坊市、聊城市、菏泽市吸引的节点数量在5–8个，为三级区域经济区中心。我们可以以它们为中心构建4个三级区域经济区；威海市、德州市、东营市、泰安市、枣庄市、莱芜市吸引节点较少，为四级城市经济区中心。淄博市、日照市虽为核心城市，但并没有吸引力辐射范围，不具有成为城市经济区中心的作用。

由表4–2可以看出：济南经济区包含泰安市、莱芜市、德州市、聊城市、济宁市、枣庄市6个低级别城市经济区中心；青岛经济区包含潍坊市；烟台经济区包含威海市；济宁经济区包含菏泽市；滨州经济区包含东营市。不同等级的区域经济区存在套叠现象，形成了区域经济区的延展发展状态（见图4–1）。

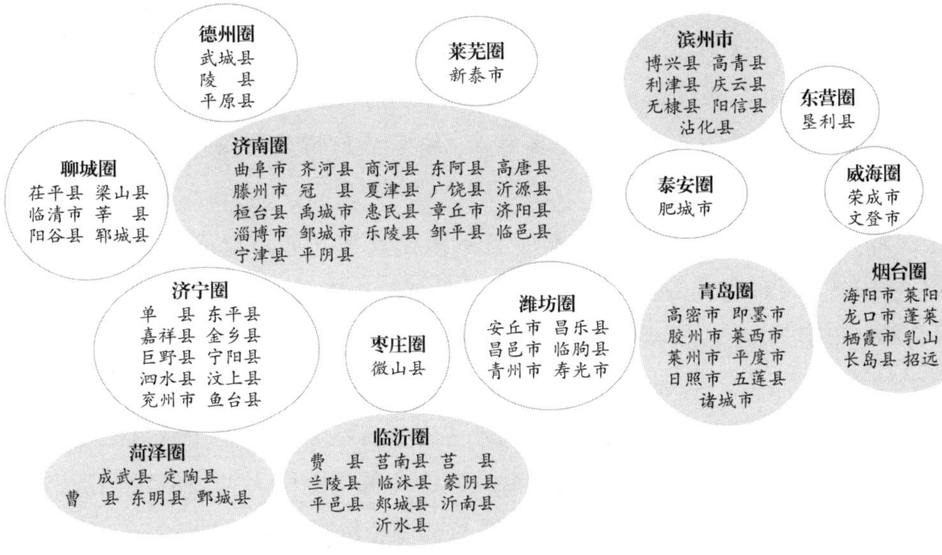

图4–1　基于时间距离的山东省区域经济空间组织结构图

图 4-1 以核心城市的行政区位节点方位进行布局，展示了基于时间距离的山东省区域经济区组织空间格局。从整体组织结构上来看，各级区域经济区既有延展发展，也有独立发展，形成济南区域经济区、青潍区域经济区、烟威区域经济区、东滨区域经济区 4 个独立的区域经济区组群。济南经济区组群由济南经济区与泰安、莱芜、德州、聊城、济宁、枣庄、菏泽、临沂经济区构成，形成三级城市圈的套叠延展发展，涵盖了鲁西、鲁中、鲁南的 67 个节点，是山东省最大的经济区组群。该组群结构将济南市城市圈的发展优势延伸到鲁南、鲁西地区。青潍城市组群由青岛城市圈、潍坊城市圈形成，将青岛城市圈沿海发展优势向内陆地区的延展发展。烟威城市组群由烟台城市圈、威海城市圈组成。东滨城市组群由东营城市圈、滨州城市圈组成。

第五节 黄河三角洲区域经济空间组织优化建议

一、黄河三角洲区域经济空间布局概况

黄河三角洲区域位于山东省北部，位于京津冀城市圈与山东半岛城市圈的结合部，北与天津滨海新区临近，东与辽宁沿海经济带隔海相望，在我国沿海经济布局中有重要的战略意义，在我省区域经济区组织中具有重要的作用。

区域经济空间组织结构的发展与城镇化发展、城市群的发展是具有统一性的。山东省自 2005 年后先后颁布了《山东半岛城市群总体计划（2006–2020）》《山东半岛城市群发展规划（2016–2030）》《山东省新型城镇化规划（2014–2020 年）》及《山东省城镇体系规划（2011–2030）》一系列规划，2009 年《黄河三角洲高效生态经济区发展规划》获得批复。目前，山东省已经形成了以济南都市圈、青岛都市圈两大省级城市经济区为核心，多个二级区域经济区连环发展的区域经济区空间格局。

在山东省 2005 年颁布的《山东半岛城市群总体计划（2006–2020）》中，

黄三角区域的中心城市东营市作为八个中心城市之一纳入山东半岛城市群发展规划。2009 年《黄河三角洲高效生态经济区发展规划》获批，以完善全国沿海经济布局的发展策略，该规划纳入了环渤海地区的 19 个行政市（县、区），对黄三角区域整体发展进行了全面统筹规划。2014 年山东省颁布的《山东省新型城镇化规划（2014–2020 年）》，规划确定了“一群（山东半岛城市群）一带（鲁西南城镇发展带）双核（济南、青岛两大中心城市）六区（六个城镇密集区）”的新城镇化总体格局，把黄河三角洲的东营市、滨州市形成的东滨都市区当作六大都市区之一来发展。2017 年颁布的《山东半岛城市群发展规划（2016–2030）》及《山东省城镇体系规划（2011–2030）》，确定了“两圈、四区网络发展”“双核、四带、六区”的发展格局，山东省的城市区组织结构更加明晰，黄三角区域大部分县以上行政区纳入了城市区发展规划。表 5–1 为对山东省及黄三角区域的经济区范围相关规划的梳理。

表 5–1　山东省城市经济区范围相关规划梳理表

规划名称	总体布局	城市经济区范围
《山东半岛城市群总体规划（2006–2020）》，2005 年颁布	双中心	双中心：济南市、青岛市 8 个中心城市：济南、青岛、烟台、淄博、威海、潍坊、东营、日照
《黄河三角洲高效生态经济区发展规划（2009–2020）》，2009 年批复	环渤海地区一体化发展	东营市、垦利县、利津县、广饶县、滨州市、沾化县、惠民县、阳信县、无棣县、博兴县、邹平县、寒亭区（潍坊市）、寿光市、昌邑市、乐陵市、庆云县、高青县、莱州市

续表

规划名称	总体布局	城市经济区范围
《山东省新型城镇化规划（2014–2020）》，2014 年颁布	一群 一带 双核 六区	一群：山东半岛城市群，包括济南、青岛、淄博、东营、烟台、潍坊、泰安、威海、日照、莱芜、德州、聊城、滨州 一带：鲁南城镇发展带，包括枣庄、济宁、日照、临沂、菏泽 双核：济南、青岛 六区：济淄泰莱德聊、青潍、烟威、东滨、济枣菏、临日
《山东半岛城市群发展规划（2016–2030）》，2017 年颁布	两圈 四区	两圈：济南都市圈，包括济南、淄博、泰安、莱芜、德州、聊城、邹平，章丘、济阳、商河、平阴、莱芜、齐河、禹城、临邑、肥城、邹平、泰安，淄博、德州、聊城、茌平、东阿。 青岛都市圈，包括青岛、潍坊、莱阳、海阳；胶州、即墨、高密、诸城、安丘、昌乐、临朐、青州、寿光、昌邑、平度、莱西。 四区：烟威都市区，包括烟台、威海，近期将蓬莱、荣成加入，远期将龙口、莱州、招远、栖霞、乳山加入；东滨都市区，包括东营、滨州，近期将利津、无棣加入，远期将广饶、博兴加入；济枣菏都市区，包括济宁、菏泽、枣庄、近期将曲阜、邹城、嘉祥、滕州、微山、巨野加入，远期将东明县加入；临日都市区，包括临沂、日照，近期将莒南县加入，远期将沂南、费县、临沭加入。
《山东省城镇体系规划（2011–2030）》，2017 年颁布	双核 四带 六区	双核：济南、青岛 四带：济青聊、沿海、京沪、鲁南城镇发展带 六区：济淄泰莱德聊、青潍、烟威、济枣泽、东滨、临日城镇密集区

从表 5–1 可以看出，一系列的城镇化规划文件对黄三角区域的都市区做了较完善的发展规划。2009 年《黄河三角洲高效生态经济区发展规划》获批，有利推动了黄三角区域经济一体化的发展，有利于形成黄三角区域

经济空间组织，但仍需要将黄三角区域发展同山东省区域经济空间组织的发展融合起来。在 2017 年颁布的城市群和城镇化相关规划中，黄三角区域内的 18 个县级城市节点分散在临近的 3 个城市经济圈内，未形成较独立的经济区组织，未形成区域融合性较强的一体化发展态势。

二、黄河三角洲区域经济空间组织优化建议

基于时空收敛效应构建的山东省区域经济空间组织结构（见 4-1）显示：东滨经济区包含了黄三角区域的 10 个节点，是黄三角区域的主体经济区；济南经济区包含了黄三角区域的 4 个节点；青潍经济区包含了黄三角区域的 4 个节点。黄三角核心城市没有对区域内的所有节点产生最大吸引力，形成吸引力较强的经济区域。

基于时空收敛效应的节点区位拟合图显示：在目前的交通网络体系下，黄三角区域的所有县级以上节点区位，除邹平县以外，均由行政区位节点的横向延展分布演变为靠近海岸线纵向延展分布，显示了较明显的沿海经济区发展优势，说明东西横向的交通网络优势大大拉近了节点间的距离，对黄三角区域的沿海经济区形成起到明显的收敛聚拢作用。

对比既有的山东省区域经济空间格局与基于时空收敛效应形成的山东省区域经济空间格局，我们发现它们在总体框架结构上具有较强的一致性，说明基于时空收敛效应的区域经济空间格局与目前的城市经济区现状吻合度很高，可以作为区域经济空间格局建设及规划调整的参考依据。综合分析基于时空收敛效应的山东省区域经济空间组织结构、城市节点拟合区位图及既有的山东省区域经济区空间组织发展现状，我们对黄三角区域经济空间组织发展提出以下建议：

第一，加强东营市、滨州市作为黄三角经济区的核心带动作用，以黄三角区域范围为主体，扩大东滨都市区的规划范围，将黄三角高效生态经济区与东滨都市区的发展融合起来，以东滨都市区带动黄三角高效经济区的发展。

第二，加强淄博市作为济南城市圈与东滨城市区的衔接带动作用，以淄博市为衔接点连接东滨城市区与济南城市圈，延伸济南城市圈的辐射带

动作用，带动东滨城市区群发展。

第三，加强潍坊市在青潍经济圈中的第二中心、黄三角区域的经济发展点作用，提升潍坊市城市功能，发挥潍坊城市圈衔接黄三角区域、鲁中地区与沿海城市区的作用，更好地衔接沿海发展带与内陆地区，融合发展，将鲁东南沿海城市带发展优势延伸到鲁中地区。

/ 第三章 /

黄三角区域县域循环经济运行效率分析

李爱军　刘晓红[1]

第一节 引言

根据中经网统计数据库（2018）[2]和WIND数据库（2018）[3]的统计数据，中国已经成为世界最大的一次能源消费国。2016年，中国的一次能源消费总量达到30.53亿吨油当量，占世界一次能源总消费量的比重为23.00%。同时，中国是世界第二大经济体，2016年国内生产总值达到25669.13亿元。中国是人口大国，人口总量达到13.83亿，就业人员数达到7.76亿。以上数据表明，中国是一个经济大国、能源和资源消费大国。如何提高其现有经济资源的利用效率，促进经济社会的可持续发展，已经成为急需解决的重要研究课题。

山东省是一个经济大省、能源消费大省、人口大省。如何提高其经济运行效率，也成为一个重要的研究课题。2016年，山东省地区生产总值达

1　李爱军，山东大学山东发展研究院副教授、博士、博士生导师；刘晓红，山东大学经济研究院博士研究生。

2　中经网统计数据库，2018，http://58.194.172.12/rwt/197/http/MSSC6Z5FNEYGP55XF3SXP/page/Default.aspx。

3　wind 数据库，2017，http://www.wind.com.cn/NewSite/edb.html。

到68024.49亿元，在全国各个省份中位居第3，占全国GDP总量的9.15%，仅次于广东省（80854.91亿元）和江苏省（77388.28亿元）。因此，山东省已是经济大省。同时，山东省也是能源消费大省。2016年，山东省的能源消费总量达到38723万吨标准煤，占全国能源消费总量的9.56%；电力消费量达到5390.75亿千瓦时，占全国电力消费总量的8.79%。山东电力消费量在全国省份中排第2位，仅次于广东省（5610.13亿千瓦时）。此外，山东省是人口大省。2016年山东省人口总数达到9847万，占全国的7.20%，在全国省份中排在第2位，仅次于广东省（10999万）。在此背景下，山东省各个县市需要提高经济运行效率，以促进经济社会的可持续发展。在此，本章对山东省主要县市的经济运行效率进行了现状评估和纵向比较分析，以深入剖析黄河三角洲区域以及山东省其他县市经济运行效率的差距及其成因。

值得注意的是，山东省尽管经济总量较大，但是在一些重要经济指标上与一些经济强省存在明显差距。根据表3–1数据可知，从人均地区生产总值来看，排在前十位的省份分别是北京市（11.82万元）、上海市（11.66万元）、天津市（11.51万元）、江苏省（9.69万元）、浙江省（8.49万元）、福建省（7.47万元）、广东省（7.40万元）、内蒙古自治区（7.21万元）、山东省（6.87万元）和重庆市（5.85万元）。所以，山东省在31个省份中排在第9位，在东部沿海地区中排名相对靠后，与三大直辖市的差距很大。从单位地区生产总值的电力消费量来看，山东省2016年单位地区生产总值的电力消费量为792.47千瓦时/万元，在全国各个省份中，排在第12位，略低于全国平均水平（824.34千瓦时/万元），与江浙等经济强省的差距明显。上述分析表明，山东省的经济资源利用率并不高，国民经济运行效率有待提高。

表 3-1　2015 年中国及各省份地区生产总值与电力消费量

地区	地区生产总值	人均地区生产总值	单位地区生产总值的电力消费量
	千亿元	万元	千瓦时 / 万元
全国	743.59	5.39	824.34
北京	25.67	11.82	397.47
天津	17.89	11.51	451.73
河北	32.07	4.31	1017.92
山西	13.05	3.55	1377.11
内蒙古	18.13	7.21	1437.01
辽宁	22.25	5.08	915.81
吉林	14.78	5.39	451.81
黑龙江	15.39	4.04	582.75
上海	28.18	11.66	527.36
江苏	77.39	9.69	705.40
浙江	47.25	8.49	819.70
安徽	24.41	3.96	735.42
福建	28.81	7.47	683.28
江西	18.50	4.01	639.22
山东	68.02	6.87	792.47
河南	40.47	4.26	738.58
湖北	32.67	5.57	539.75
湖南	31.55	4.64	474.04
广东	80.85	7.40	693.85
广西	18.32	3.80	742.26
海南	4.05	4.43	708.85
重庆	17.74	5.85	521.34
四川	32.93	4.00	637.94
贵州	11.78	3.32	1054.44
云南	14.79	3.11	953.80
陕西	19.40	5.10	699.53
甘肃	7.20	2.76	1479.30
青海	2.57	4.35	2478.18
宁夏	3.17	4.72	2799.07
新疆	9.65	4.06	2400.55

数据来源：wind（2018）和中经网统计数据库（2018）[1]

1　中经网统计数据库，2018，http://58.194.172.12/rwt/197/http/MSSC6Z5FNEYGP55XF3SXP/page/Default.aspx。

从一些环境指标来看，山东省面临降低污染物排放量促进经济可持续发展的重要任务。表 3–2 和表 3–3 分别列出了 2016 年中国各个省份主要污染物的排放量和单位地区生产总值的污染物排放量。从一些绝对排放量指标来看，山东省的废水排放量为 50.76 亿吨，占全国排放总量的 7.14%，排在第 3 位，仅次于广东省（93.83 亿吨）和江苏省（61.66 亿吨）；废水中化学需氧量的排放量为 53.05 万吨，占全国排放总量的 5.07%，排在第 6 位，仅次于广东省（96.42 万吨）、江苏省（74.65 万吨）、四川省（67.68 万吨）、湖南省（60.26 万吨）和江西省（55.47 万吨）；二氧化硫排放量为 113.45 万吨，占全国排放总量的 10.29%，排在第 1 位；氮氧化物排放量为 122.94 万吨，占全国排放总量的 8.82%，排在第 1 位；烟尘排放量为 87.38 万吨，占全国排放总量的 8.65%，排在第 2 位，仅次于河北省（125.68 万吨）。以上数据表明，山东省污染物排放量大，生态环境破坏程度相对较高。从一些相对指标来看，2016 年山东省单位地区生产总值的废水排放量为 9.00 万吨 / 亿元，在全国各个省份中排在第 18 位，低于全国平均水平（9.56 万吨 / 亿元）；单位地区生产总值的化学需氧量为 12.82 吨 / 亿元，在全国各个省份中排在第 18 位，低于全国平均水平（14.07 吨 / 亿元）；单位地区生产总值的二氧化硫排放量为 24.61 吨 / 亿元，在全国各个省份中排在第 9 位，高于全国平均水平（14.83 吨 / 亿元）；单位地区生产总值的氮氧化物排放量为 35.60 吨 / 亿元，在全国各个省份中排在第 7 位，高于全国平均水平（18.75 吨 / 亿元）；单位地区生产总值的烟尘排放量为 39.19 吨 / 亿元，在全国各个省份中排在第 5 位，仅次于宁夏回族自治区（63.49 吨 / 亿元）、海南省（57.75 吨 / 亿元）、浙江省（52.22 吨 / 亿元）和青海省（47.33 吨 / 亿元）。上述数据表明山东省环境资源利用效率相对较低，与经济强省存在显著差距，存在较大的提升空间。鉴于此，如何提高经济运行效率、搞好生态环境保护，已经成为促进山东省经济可持续发展亟须解决的重要研究课题。

表 3-2　2016 年中国及各省份主要污染物排放量

地区	废水	化学需氧	二氧化硫	氮氧化物	烟（粉）尘
	万吨	万吨	万吨	万吨	万吨
全国	7110953.88	1046.53	1102.86	1394.31	1010.66
北京	166419.28	8.71	3.32	9.61	3.45
天津	91534.42	10.33	7.06	14.47	7.81
河北	288794.55	41.12	78.94	112.66	125.68
山西	139291.06	22.71	68.64	67.28	68.15
内蒙古	104695.97	16.95	62.57	64.53	59.90
辽宁	228201.74	25.82	50.77	61.53	64.91
吉林	97073.31	17.74	18.81	30.07	21.87
黑龙江	138334.75	29.63	33.82	53.97	44.71
上海	220758.79	14.75	7.42	16.63	7.95
江苏	616624.01	74.65	57.01	93.03	47.17
浙江	430856.78	46.15	26.84	38.04	18.23
安徽	240665.86	49.63	28.16	50.76	32.13
福建	237016.09	39.16	18.93	26.18	23.79
江西	221091.88	55.47	27.69	41.93	33.31
山东	507591.29	53.05	113.45	122.94	87.38
河南	402055.10	46.43	41.36	80.83	42.89
湖北	274787.28	51.99	28.56	39.14	27.58
湖南	298756.94	60.26	34.68	42.06	26.21
广东	938261.03	96.42	35.37	84.27	28.17
广西	193186.25	41.60	20.11	30.29	26.19
海南	44097.17	7.59	1.70	6.20	2.08
重庆	202061.27	25.57	28.83	21.77	9.58
四川	352826.44	67.68	48.83	45.10	27.27
贵州	100720.11	25.59	64.71	37.79	20.43
云南	181089.33	37.38	52.62	44.69	24.76
陕西	166565.04	18.73	31.80	38.03	28.74
甘肃	66324.70	16.15	27.20	25.80	18.03
青海	27275.14	7.03	11.37	9.42	14.86
宁夏	33948.67	11.97	23.69	19.78	20.12
新疆	93906.89	23.54	48.07	59.98	45.67

表 3-3　2016 年中国及各省份单位地区生产总值的污染物排放量

地区	单位地区生产总值的污染物排放量				
	废水	化学需氧	二氧化硫	氮氧化物	烟（粉）尘
	万吨 / 亿元	吨 / 亿元	吨 / 亿元	吨 / 亿元	吨 / 亿元
全国	9.56	14.07	14.83	18.75	13.59
北京	6.48	3.39	1.29	3.74	1.35
天津	5.12	5.78	3.95	8.09	4.37
河北	9.01	12.82	24.62	35.13	39.19
山西	10.67	17.40	52.60	51.55	52.22
内蒙古	5.78	9.35	34.52	35.60	33.04
辽宁	10.26	11.61	22.82	27.66	29.18
吉林	6.57	12.01	12.73	20.35	14.80
黑龙江	8.99	19.26	21.98	35.08	29.06
上海	7.83	5.23	2.63	5.90	2.82
江苏	7.97	9.65	7.37	12.02	6.10
浙江	9.12	9.77	5.68	8.05	3.86
安徽	9.86	20.33	11.54	20.80	13.16
福建	8.23	13.59	6.57	9.09	8.26
江西	11.95	29.99	14.97	22.66	18.00
山东	7.46	7.80	16.68	18.07	12.85
河南	9.93	11.47	10.22	19.97	10.60
湖北	8.41	15.92	8.74	11.98	8.44
湖南	9.47	19.10	10.99	13.33	8.31
广东	11.60	11.93	4.37	10.42	3.48
广西	10.55	22.71	10.98	16.54	14.30
海南	10.88	18.73	4.18	15.30	5.12
重庆	11.39	14.41	16.25	12.27	5.40
四川	10.71	20.55	14.83	13.69	8.28
贵州	8.55	21.73	54.94	32.09	17.35
云南	12.25	25.28	35.58	30.22	16.74

续表

陕西	8.59	9.65	16.39	19.60	14.82
甘肃	9.21	22.43	37.77	35.83	25.04
青海	10.60	27.33	44.20	36.60	57.75
宁夏	10.71	37.78	74.75	62.44	63.49
新疆	9.73	24.39	49.81	62.15	47.33

数据来源：wind（2018）[1]

在此背景下，本章将以山东省各县市数据为基础，评估和比较不同县市的经济运行效率，比较黄河三角洲区域与山东省其他地区运行效率的差距，剖析其形成原因。该方面的研究，将为黄河三角洲区域各县市提高经济运行效率提供参考，为促进循环经济和可持续发展提供政策依据。

本章其他部分的结构安排如下：第二节介绍DEA模型和分析所用数据，第三节评估和比较所选县市的经济运行效率，第四节提出政策建议。

第二节 DEA模型介绍和所用数据分析

一、DEA模型介绍

DEA模型首先是由Charnes et al.（1978）[2]提出来的。它运用线性规划方法构建观测数据的非参数分段曲面，并用于评估不同决策单元之间的相对效率。本章采用产出导向的DEA模型，对山东省各县市的经济运行效率进行评估，并对规模报酬不变和规模报酬两种情形分别进行计算。为避免重复，本章不再对该模型进行详细介绍，读者可以参考芦锋和刘维奇

1　中经网统计数据库，2018，http://58.194.172.12/rwt/197/http/MSSC6Z5FNEYGP55XF3SXP/page/。
2　Charnes A., Cooper W. W. , Rhodes. “Measuring The Efficiency of Decision Making Units”, European Journal of Operational Research 2 (1978) :429-442.

（2011）[1]、高峰等（2011）[2]、王恬和张娜（2014）[3] 的论述。

在 DEA 模型当中，投入要素包括劳动力和资本，产出变量为地区增加值，具体如表 3–4 所示。由于数据的完整性和可获得性限制，本章仅采用山东省部分县市的数据进行效率评估。为叙述方便起见，本章简称它们为“所选县市”（下文相同）。在具体计算过程中，本章模型所用的投入产出指标具体设定如下：资本存量用固定资产投资总额计算，劳动力用常住人口计算，期望产出水平分别采用第一产业、第二产业、第三产业的产业增加值计算。这些数据来源于中经网统计数据库（2018）和国家统计局。

表 3–4　DEA 模型所用的变量说明

指标类型	变量名称	采用的具体指标
投入变量	资本存量	固定资产投资总额
	劳动力	劳动力数量
产出变量	期望产出（Y1）	第一产业增加值
	期望产出 (Y2)	第二产业增加值
	期望产出 (Y3)	第三产业增加值

二、投入产出数据分析

本章模型所用的数据年份为 2015 年和 2016 年，涵盖了山东省 50 个县市。其中 7 个县市属于黄河三角洲区域，分别是东营市垦利县、东营市广饶县、淄博市高青县、烟台市莱州市、潍坊市寿光市、东营市利津县和潍坊市昌邑市；此外，43 个县市属于山东省其他地区，分别是济南市济阳县、济南市平阴县、济南市商河县、济南市章丘市、济南市长清区、济宁市嘉祥县、济宁市金乡县、济宁市梁山县、济宁市曲阜市、济宁市泗水县、济宁市微山县、济宁市汶上县、济宁市兖州区、济宁市鱼台县、济宁市邹

1　芦锋、刘维奇：《基于 DEA 方法的我国商业银行效率研究》，《山西大学学报（哲学社会科学版）》，2011（2），第 129~132 页。
2　高峰、王金德、郭政：《我国区域工业生态效率效率评价指标的确定及 DEA 分析》，《中国人口、资源与环境》2011（SI），第 1~10 页。
3　王恬、张娜：《济南市工业行业科技投入产出 DEA 效率分析》，《山东财经大学学报》，2014（5），65~72 页。

城市、青岛市即墨市、青岛市胶州市、青岛市莱西市、青岛市平度市、日照市五莲县、泰安市东平县、泰安市肥城市、泰安市宁阳县、泰安市新泰市、威海市荣成市、威海市乳山市、威海市文登区、潍坊市安丘市、潍坊市昌乐县、潍坊市高密市、潍坊市临朐县、潍坊市青州市、潍坊市诸城市、烟台市海阳市、烟台市莱阳市、烟台市龙口市、烟台市蓬莱市、烟台市栖霞市、烟台市长岛县、烟台市招远市、枣庄市滕州市、淄博市桓台县和淄博市沂源县。本章列出了所采用的数据，详见表 3–5 和表 3–6。下面对所选县市的投入产出数据进行比较分析。

表 3–5　2015 年所选山东省县市的投入产出数据

是否属于黄河三角洲	县域名称	投入变量		产出变量		
		资本存量	劳动力	第一产业增加值	第二产业增加值	第三产业增加值
		亿元	万人	亿元	亿元	亿元
属于	垦利	436.41	12.27	19.61	237.87	139.34
属于	广饶	770.43	30.39	42.16	513.34	212.12
属于	高青	141.59	18.25	25.35	92.16	70.52
属于	莱州	440.24	34.48	68.12	373.44	275.49
属于	寿光	575.56	44.63	93.16	367.54	346.24
属于	利津	171.57	10.61	27.08	132.68	92.08
属于	昌邑	323.65	23.59	34.74	204.04	137.26
不属于	龙口	594.79	32.52	36.19	606.41	398.71
不属于	招远	403.21	16.61	40.01	338.34	261.48
不属于	长岛	6.58	2.01	36.10	3.68	22.64
不属于	邹城	417.12	61.78	51.48	450.54	328.67
不属于	兖州	421.71	33.59	47.67	351.90	231.11
不属于	荣成	733.64	27.45	83.13	474.74	464.38
不属于	章丘	563.49	57.24	82.66	521.65	266.47
不属于	桓台	380.95	25.31	20.06	306.67	178.21
不属于	滕州	601.71	72.00	71.47	513.26	420.33
不属于	五莲	137.66	24.52	21.73	114.42	73.28
不属于	微山	231.64	31.50	39.73	176.60	170.76
不属于	胶州	898.01	42.11	53.20	517.80	410.18
不属于	沂源	189.26	21.94	30.72	109.27	108.70

续表

不属于	栖霞	141.66	13.93	47.11	93.12	91.99
不属于	肥城	547.32	35.83	50.60	348.80	299.93
不属于	蓬莱	401.14	19.26	28.07	248.56	194.67
不属于	商河	114.49	2.94	46.00	63.41	56.32
不属于	文登	588.99	29.24	58.05	332.97	324.86
不属于	曲阜	237.94	30.95	34.34	136.80	215.37
不属于	即墨	947.90	62.59	60.19	598.04	442.66
不属于	新泰	580.09	66.18	56.09	387.81	330.58
不属于	诸城	561.80	50.16	61.02	402.47	282.98
不属于	高密	479.51	38.39	49.80	313.84	222.92
不属于	梁山	198.29	23.26	45.67	118.54	81.48
不属于	平度	677.89	37.03	104.06	408.85	266.34
不属于	莱西	601.90	20.87	63.36	254.74	207.92
不属于	嘉祥	198.93	47.12	33.85	119.72	96.22
不属于	莱阳	158.83	26.45	44.82	152.28	128.78
不属于	乳山	475.00	10.44	39.55	226.66	210.98
不属于	东平	293.17	34.69	42.47	171.98	150.36
不属于	汶上	201.66	32.26	41.27	114.04	89.79
不属于	青州	489.60	33.22	50.67	279.43	248.65
不属于	济阳	262.95	24.58	51.87	145.29	79.14
不属于	泗水	131.40	20.80	37.77	60.88	58.56
不属于	安丘	270.13	15.05	48.40	123.57	114.62
不属于	昌乐	298.38	21.40	35.92	125.45	113.61
不属于	宁阳	348.84	35.64	52.83	164.70	165.18
不属于	鱼台	132.04	16.90	33.41	63.71	59.00
不属于	金乡	145.32	24.65	52.01	53.72	81.36
不属于	长清	268.69	8.28	33.21	108.19	123.78
不属于	海阳	388.29	29.18	62.96	104.51	111.86
不属于	临朐	277.00	33.94	34.61	103.41	106.03
不属于	平阴	230.81	14.14	31.56	126.53	68.91

数据来源：中经网统计数据库（2018）和 WIND 数据库（2018）

表 3-6　2016 年所选山东省县市的投入产出数据

是否属于黄河三角洲	县域名称	投入变量		产出变量		
		资本存量	劳动力	第一产业增加值	第二产业增加值	第三产业增加值
		亿元	万人	亿元	亿元	亿元
属于	垦利	297.39	12.09	20.24	234.34	156.35
属于	广饶	650.06	26.01	42.88	514.83	233.25
属于	高青	155.19	14.19	26.53	99.06	79.66
属于	莱州	500.84	34.60	71.19	390.15	305.43
属于	寿光	630.87	45.55	97.33	364.13	395.34
属于	利津	134.58	11.12	28.07	134.26	101.26
属于	昌邑	380.11	24.50	36.95	202.55	160.00
不属于	龙口	688.33	36.31	38.39	633.64	438.95
不属于	招远	460.11	19.61	42.34	353.86	291.05
不属于	长岛	7.41	2.32	37.75	3.88	25.53
不属于	邹城	473.85	61.78	55.16	453.52	360.61
不属于	兖州	483.71	35.98	48.83	355.10	254.84
不属于	荣成	828.28	27.57	87.46	480.98	509.58
不属于	章丘	676.23	57.28	84.97	554.20	285.71
不属于	桓台	430.36	25.31	19.73	317.52	198.89
不属于	滕州	655.92	74.32	75.14	530.10	459.57
不属于	五莲	156.59	24.97	22.51	117.46	80.00
不属于	微山	220.20	32.61	40.68	180.25	189.23
不属于	胶州	1039.39	42.45	49.94	538.15	447.81
不属于	沂源	212.29	20.76	32.36	113.49	119.94
不属于	栖霞	161.97	26.43	48.66	98.90	102.41
不属于	肥城	607.11	35.83	52.19	353.98	323.86
不属于	蓬莱	457.30	18.48	29.20	259.94	212.88
不属于	商河	126.97	2.98	48.45	67.19	63.56
不属于	文登	664.38	30.01	61.34	345.77	359.28
不属于	曲阜	273.16	30.95	37.06	136.85	239.77
不属于	即墨	1048.93	63.34	62.22	635.37	487.09
不属于	新泰	650.86	66.36	59.00	395.91	360.68

续表

不属于	诸城	635.51	49.86	64.24	403.70	326.57
不属于	高密	563.24	38.88	51.18	314.27	257.73
不属于	梁山	227.43	23.73	48.85	123.14	93.05
不属于	平度	778.30	37.32	107.90	417.53	287.30
不属于	莱西	670.13	20.89	66.68	267.47	226.18
不属于	嘉祥	226.98	47.84	36.32	124.25	109.28
不属于	莱阳	181.13	24.55	47.76	160.92	141.91
不属于	乳山	535.80	10.46	41.86	235.65	234.61
不属于	东平	332.09	34.90	44.30	169.86	157.94
不属于	汶上	232.52	32.26	44.68	118.00	102.29
不属于	青州	576.18	33.28	52.91	281.78	280.99
不属于	济阳	305.78	25.06	52.72	152.09	90.21
不属于	泗水	149.14	21.70	39.44	64.64	66.99
不属于	安丘	321.41	15.20	50.48	123.19	132.70
不属于	昌乐	349.90	21.73	37.66	125.46	129.52
不属于	宁阳	396.36	36.06	55.57	170.30	178.60
不属于	鱼台	150.39	16.94	35.55	66.17	67.90
不属于	金乡	170.42	25.61	55.43	56.90	93.60
不属于	长清	250.74	26.98	35.64	113.66	140.14
不属于	海阳	442.66	30.17	66.60	110.30	125.68
不属于	临朐	329.95	32.60	36.19	106.03	118.88
不属于	平阴	248.27	14.20	32.89	135.95	76.40

数据来源：中经网统计数据库（2018）和 WIND 数据库（2018）

（一）投入产出数据绝对指标的比较分析

本小节对所选黄河三角洲区域县市和所选山东省其他地区县市的投入产出数据进行比较。其中，表 3-7 是对本章所采用的数据进行的描述性统计分析[1]，图 3-1 至图 3-5 对相关投入产出数据进行了统计分析。

本小节以数据均值为例进行分析。从均值来看，无论是 2015 年数据

1　值得注意的是，由于数据总量所限，本章的研究结果和研究结论可能会存在各种偏差，仅供参考。

还是2016年数据，山东省不同地区在各个指标上均存在较大差别。从投入要素来看，黄河三角洲区域2015年的资本存量高于山东省其他地区，而劳动力数量少于山东省其他地区，2016年的资本存量和劳动力数量均少于山东省其他地区。这表明，从2015年到2016年，不同地区投入要素的规模发生了一定变化。从产出来看，所选黄河三角洲区域县市的第一产业、第三产业增加值的均值要小于所选山东省其他地区县市，而第二产业增加值的均值要大于所选山东省其他地区县市。上述数据表明，所选黄河三角洲区域县市的投入产出指标与所选山东省其他地区县市的指标，在规模上存在一定程度的差异。

表 3-7　投入产出数据的描述性统计分析

所属地区	年份	指标类型					
		指标	资本存量	劳动力	第一产业	第二产业	第三产业
			亿元	万人	亿元	亿元	亿元
所选黄河三角洲区域市县	2015	均值	408.49	24.89	44.32	274.44	181.86
		标准差	205.38	11.47	24.83	138.95	93.32
		最小值	141.59	10.61	19.61	92.16	70.52
		最大值	770.43	44.63	93.16	513.34	346.24
	2016	均值	392.72	24.01	46.17	277.04	204.47
		标准差	195.28	11.86	25.98	139.57	105.54
		最小值	134.58	11.12	20.24	99.06	79.66
		最大值	650.06	45.55	97.33	514.83	395.34
所选山东省其他地区县市	2015	均值	377.44	30.42	47.57	242.73	194.41
		标准差	214.45	16.02	16.31	163.11	118.20
		最小值	6.58	2.01	20.06	3.68	22.64
		最大值	947.90	72.00	104.06	606.41	464.38
	2016	均值	427.85	31.53	49.73	250.40	215.11
		标准差	244.22	15.63	16.94	169.04	129.02
		最小值	7.41	2.32	19.73	3.88	25.53
		最大值	1048.93	74.32	107.90	635.37	509.58

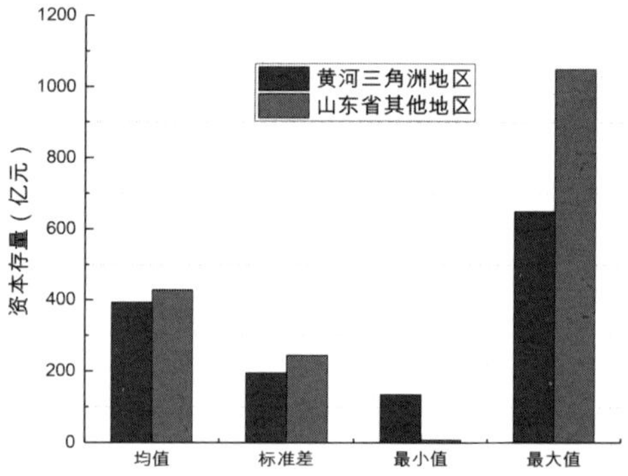

图 3-1　2016 年所选县市资本存量的统计性指标分析

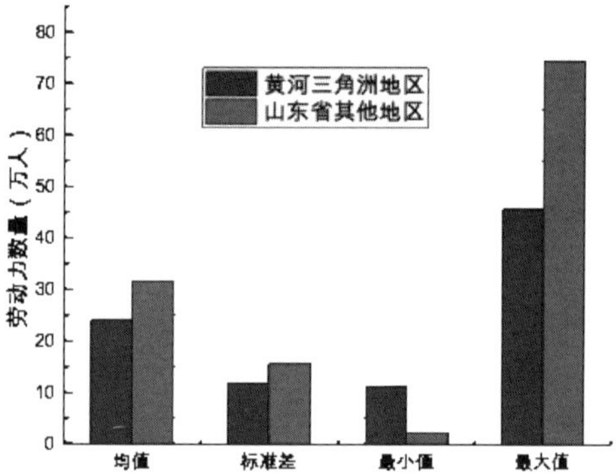

图 3-2　2016 年所选县市劳动力数量的统计性指标分析

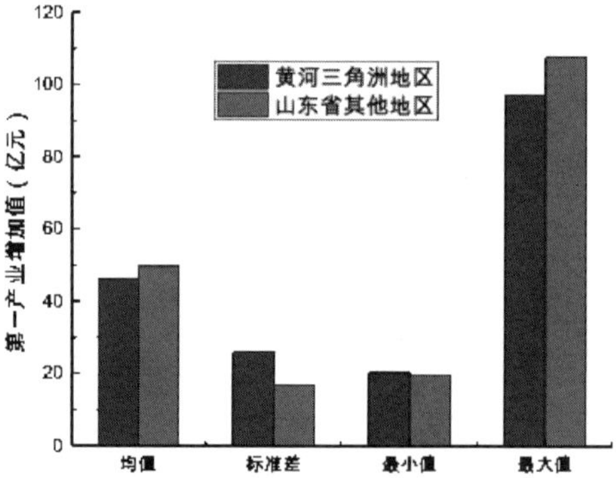

图 3-3　2016 年所选县市第一产业增加值的统计性指标分析

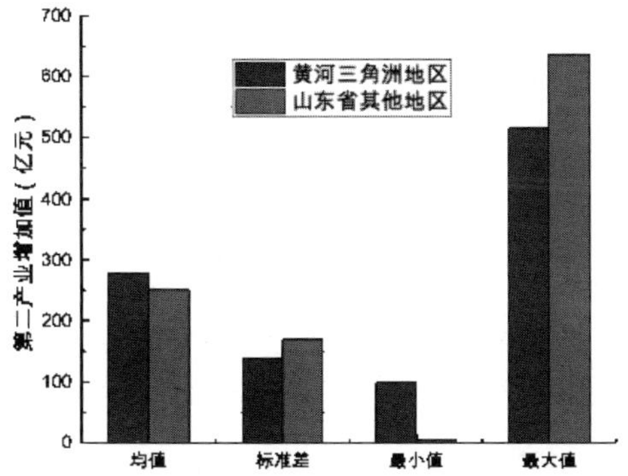

图 3-4　2016 年所选县市第二产业增加值的统计性指标分析

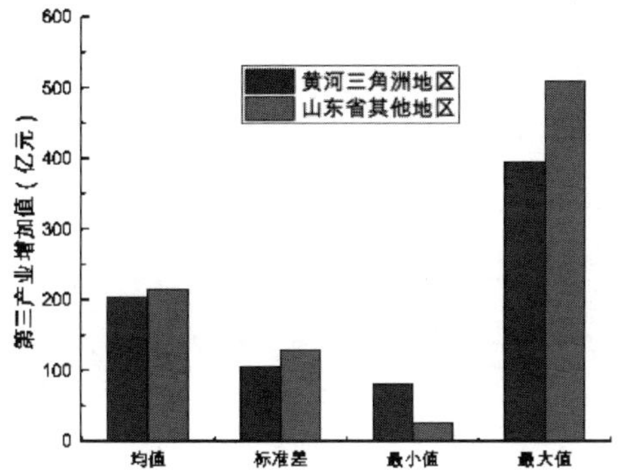

图 3-5　2016 年所选县市第三产业增加值的统计性指标分析

（二）投入产出数据相对指标的比较分析

本小节考察相对经济指标的区域差异。从资本与劳动力的比值来看，所选黄河三角洲区域县市的人均资本拥有量为 17.75 万元（2015 年）和 16.64 万元（2016 年），所选山东省其他地区县市的人均资本拥有量为 14.24 万元（2015 年）和 15.15 万元（2016 年）。上述数据表明，所选黄河三角洲区域县市的人均资本拥有量要高于所选山东省其他地区县市。

从人均产业增加值来看，所选黄河三角洲区域县市人均产业增加值为

20.92 万元（2015 年）和 22.84 万元（2016 年）。同时，所选山东省其他地区县市人均产业增加值为 18.32 万元（2015 年）和 18.37 万元（2016 年）。经过比较可知，所选黄河三角洲区域县市的人均产业增加值要高于所选山东省其他地区县市。

从产业结构来看，2015 年所选黄河三角洲区域县市三次产业所占比重分别为 9.28%、54.34% 和 36.38%，2016 年的比重分别为 9.12%、52.20% 和 38.68%。这些数据表明，所选黄河三角洲区域县市的产业结构是以第二产业为主的，两年的产业结构没有大变化：第一产业和第二产业所占比重略微下降，第三产业所占比重小幅度提升。与此同时，2015 年所选山东省其他地区县市三次产业所占比重分别为 13.30%、46.95% 和 39.75%，2016 年的比重分别为 13.02%、45.52% 和 41.47%。经过比较可知，所选黄河三角洲区域县市第一产业和第三产业所占比重高于所选山东省其他地区县市，第二产业所占比重低于所选山东省其他地区县市。上述数据表明，黄河三角洲区域和所选山东省其他地区县市仍处于工业化阶段，而所选黄河三角洲区域县市的工业化程度相对较高。

表 3-8　各地区投入产出的描述性指标

所属地区	年份	统计性指标	人均资本	人均产业增加值	产业结构		
			万元 / 人	万元 / 人	第一产业	第二产业	第三产业
黄河三角洲所选县市	2015	均值	17.75	20.92	0.09	0.54	0.36
		标准差	8.80	6.58	0.03	0.07	0.04
		最小值	7.76	10.30	0.05	0.46	0.28
		最大值	35.56	32.34	0.13	0.67	0.43
所选山东省其他地区县市	2016	均值	16.64	22.84	0.09	0.52	0.39
		标准差	5.35	6.68	0.03	0.07	0.05
		最小值	10.94	14.46	0.05	0.42	0.29
		最大值	24.99	34.00	0.13	0.65	0.46

续表

黄河三角洲所选县市	2015	均值	14.24	18.32	0.13	0.47	0.40
		标准差	9.15	10.89	0.09	0.09	0.05
		最小值	3.27	5.30	0.03	0.06	0.29
		最大值	45.50	56.40	0.58	0.61	0.56
所选山东省其他地区县市	2016	均值	15.15	18.37	0.13	0.46	0.41
		标准差	9.78	11.11	0.09	0.09	0.05
		最小值	3.20	5.64	0.03	0.06	0.31
		最大值	51.22	60.24	0.56	0.60	0.58

（三）投入产出指标增长率的比较分析

表 3–9 描述了投入产出变量 2016 年相对于 2015 年的增长率。本部分以均值为例进行分析。对于所选黄河三角洲区域县市而言，除了劳动力和资本投入呈现下降趋势之外，产出变量均呈现出增加趋势。其中，第三产业增加幅度最大，均值为 12.39%，后面依次是第一产业增加值（4.09%）、第二产业增加值（1.47%）。对于所选山东省其他地区县市而言，所有变量均呈现增长趋势，增长速度最快的是资本存量（13.17%），后面依次是第三产业增加值（11.35%）、劳动力（8.98%）、第一产业增加值（4.57%）和第二产业增加值（3.39%）。上述数据表明，不同地区的投入变量、产出产量发展不均衡。这势必会影响到相关地区的整体经济运行效率。

表 3–9　各地区投入产出变量的增长率

所属地区	变量名称	所选县市数量（个）	均值	标准差	最小值	最大值
黄河三角洲区域	资本存量	7	–2.66%	18.33%	–31.86%	17.44%
	劳动力	7	–3.88%	9.57%	–22.24%	4.77%
	第一产业增加值	7	4.09%	1.34%	1.71%	6.39%
	第二产业增加值	7	1.47%	3.07%	–1.48%	7.49%
	第三产业增加值	7	12.39%	2.24%	9.96%	16.57%

续表

山东省其他地区	资本存量	43	13.17%	4.88%	-6.68%	20.01%
	劳动力	43	8.98%	36.24%	-7.20%	225.67%
	第一产业增加值	43	4.57%	2.46%	-6.12%	8.26%
	第二产业增加值	43	3.39%	2.16%	-1.23%	7.45%
	第三产业增加值	43	11.35%	2.51%	5.04%	15.77%

第三节 所选山东省县市的效率评估及比较

一、所选县市的效率评估

本小节基于山东省内 50 个县市 2015–2016 年数据，采用产出导向的 DEA 模型对所选山东省县市的绩效进行评估。首先，采用规模报酬不变的 DEA 模型，计算各个所选县市的技术效率；其次，采用规模报酬可变的 DEA 模型，即加入凸性条件，将决策单元的技术效率分解为“纯技术效率”和规模效率。在 DEA 模型的计算结果中，技术效率值处于 0 到 1 之间。如果所选县市的技术效率为 1，那么表明该县的技术效率处于技术前沿，其运行效率在各个县市是最高的；如果所选县市的技术效率为 0，那么表明该县的技术效率是最低的。

表 3–10 列出了 2016 年所选山东省县市的两种效率值，以及以规模效率不变情况下的技术效率为基准进行的排名情况。经过观察可知，从技术效率来看，所选黄河三角洲区域县市所处的位次分别为广饶县（第 1 位）、垦利县（第 1 位）、利津县（第 1 位）、莱州市（第 13 位）、寿光市（第 22 位）、高青县（第 28 位）和昌邑市（第 35 位）。从纯技术效率来看，所选黄河三角洲区域县市所处的位次分别为广饶县（第 1 位）、垦利县（第 1 位）、利津县（第 1 位）、寿光市（第 1 位）、莱州市（第 1 位）、高青县（第 46 位）和昌邑市（第 48 位）。从规模效率来看，为此分别为广饶县（第 1 位）、垦利县（第 1 位）、利津县（第 1 位）、高青县（第 14 位）、

昌邑市（第 19 位）、莱州市（第 24 位）和寿光市（第 36 位）。相比较而言，许多县市的效率值小于 1。这表明它们的效率存在一定的提升空间。

经过比较可知，有些县市在不同效率指标上的排名出现差别。例如，莱州市的技术效率排名为第 13 位，纯技术效率排名为第 1 位，规模效率排名为第 24 位；寿光市的技术效率排名为第 22 位，纯技术效率排名为第 1 位，规模效率排名为第 36 位。上述结果表明，这些县市的规模效率存在一定的提升空间。改变这些县市的规模，可以提高其经济运行效率。

经过观察可知，不论是所选黄河三角洲区域县市，还是所选山东省其他地区的县市，处于效率前沿的县市数量极为有限，绝大多数县市的效率存在提升空间。不容忽视的是，不同县市的提升方向应该有些差别：有些县市规模效率存在较大提升空间，这些县市应该以优化规模为主要方向；有些县市的经济运行效率存在较大提升空间，这些县市应该以提升经济整体运行效率为主要方向；有些县市在两方面均存在较大提升空间，这些县市应该在这两个方面均做出努力。

表 3-10　2016 年所选山东省县市技术效率和规模效率值评估表

技术效率排名	所选县名称	是否属于黄河三角洲	技术效率	“纯技术效率”	规模效率
第 1 位	垦利	属于	1.0000	1.0000	1.0000
第 1 位	广饶	属于	1.0000	1.0000	1.0000
第 1 位	利津	属于	1.0000	1.0000	1.0000
第 1 位	龙口	不属于	1.0000	1.0000	1.0000
第 1 位	招远	不属于	1.0000	1.0000	1.0000
第 1 位	长岛	不属于	1.0000	1.0000	1.0000
第 1 位	荣成	不属于	1.0000	1.0000	1.0000
第 1 位	商河	不属于	1.0000	1.0000	1.0000
第 1 位	乳山	不属于	1.0000	1.0000	1.0000
第 10 位	邹城	不属于	0.9655	1.0000	0.9655
第 11 位	莱阳	不属于	0.9082	1.0000	0.9082
第 12 位	微山	不属于	0.8582	1.0000	0.8582

续表

第 13 位	莱州	属于	0.8277	1.0000	0.8277
第 14 位	滕州	不属于	0.8243	1.0000	0.8243
第 15 位	章丘	不属于	0.8216	1.0000	0.8216
第 16 位	桓台	不属于	0.7881	0.7913	0.9960
第 17 位	文登	不属于	0.7750	0.8427	0.9197
第 18 位	蓬莱	不属于	0.7632	0.7678	0.9940
第 19 位	兖州	不属于	0.7520	0.8556	0.8789
第 20 位	五莲	不属于	0.7519	0.7580	0.9920
第 21 位	肥城	不属于	0.7043	0.8110	0.8685
第 22 位	寿光	属于	0.7030	1.0000	0.7030
第 23 位	胶州	不属于	0.6940	0.9303	0.7460
第 24 位	平度	不属于	0.6641	1.0000	0.6641
第 25 位	诸城	不属于	0.6603	0.8397	0.7863
第 26 位	即墨	不属于	0.6596	1.0000	0.6596
第 27 位	曲阜	不属于	0.6582	1.0000	0.6582
第 28 位	高青	属于	0.6448	0.6867	0.9390
第 29 位	栖霞	不属于	0.6388	0.9471	0.6744
第 30 位	莱西	不属于	0.6294	0.8541	0.7369
第 31 位	青州	不属于	0.6285	0.7454	0.8432
第 32 位	新泰	不属于	0.6246	0.7994	0.7814
第 33 位	平阴	不属于	0.6228	0.6871	0.9064
第 34 位	高密	不属于	0.6019	0.7270	0.8278
第 35 位	昌邑	属于	0.5772	0.6613	0.8728
第 36 位	安丘	不属于	0.5735	0.7756	0.7394
第 37 位	沂源	不属于	0.5729	0.7185	0.7973
第 38 位	嘉祥	不属于	0.5594	0.6857	0.8158
第 39 位	梁山	不属于	0.5524	0.8513	0.6489
第 40 位	东平	不属于	0.5267	0.7047	0.7474

续表

第 41 位	济阳	不属于	0.5186	0.8099	0.6403
第 42 位	汶上	不属于	0.5176	0.7777	0.6656
第 43 位	长清	不属于	0.5011	0.7197	0.6963
第 44 位	宁阳	不属于	0.4693	0.7425	0.6320
第 45 位	鱼台	不属于	0.4597	0.7022	0.6546
第 46 位	昌乐	不属于	0.4554	0.5780	0.7879
第 47 位	泗水	不属于	0.4535	0.7677	0.5907
第 48 位	金乡	不属于	0.3809	1.0000	0.3809
第 49 位	临朐	不属于	0.3513	0.5399	0.6506
第 50 位	海阳	不属于	0.3222	0.8414	0.3829

二、所选县市技术效率值的区域对比分析

表 3–11 列出了在规模报酬不变条件下 2016 年所选山东省县市的技术效率值，图 3–6 刻画了所选县市技术效率的分布情况。经过比较可知，从均值来看，所选黄河三角洲区域县市技术效率的均值要高于所选山东省其他地区县市的技术效率的均值。该研究结果表明两个地区的效率水平存在明显差异，所选黄河三角洲区域的县市的效率水平要高于所选山东省其他地区县市的效率水平。从标准差来看，所选黄河三角洲区域县市技术效率的标准差要小于所选山东省其他县市的技术效率值的标准差。该研究结果表明，所选黄河三角洲区域县市的技术效率差别，要小于所选山东省其他地区县市的差别。

表 3–11 2016 年山东省各个地区的技术效率的描述性指标

序号	所属地区	数量	技术效率统计指标			
			均值	标准差	最高排名	最低排名
1	所选黄河三角洲区域县市	7	0.8218	0.1693	第 1 位	第 35 位
2	所选山东省其他地区县市	43	0.6793	0.1906	第 1 位	第 50 位

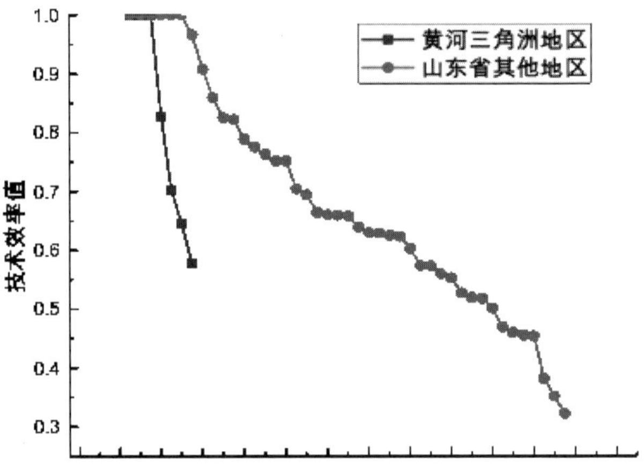

图 3-6　所选山东省县市的技术效率的分布情况

通过观察表 3-11 和图 3-7 可以发现，在所选黄河三角洲区域 7 个县市中，所有县市的效率值均在 0.55 以上。有 3 个县市的技术效率值为 1.0，分别是广饶县（第 1 位）、垦利县（第 1 位）和利津县（第 1 位）。该结果意味着这些县的技术效率值最高。有 1 个县市的技术效率值为 0.75–1.00，是莱州市（第 13 位）。有 3 个县市的技术效率值为 0.55–0.75，分别是高青县（第 28 位）、寿光市（第 22 位）。上述分析表明，在黄河三角洲区域中，多数所选县市技术效率值低于 1，因而存在效率提升空间。

相比较而言，在所选山东省其他地区 43 个县市中，有 6 个县市的技术效率值为 1.00，分别是龙口市（第 1 位）、招远市（第 1 位）、荣成市（第 1 位）、长岛县（第 1 位）、商河县（第 1 位）、乳山市（第 1 位），占所选县市总数的 13.95%。该结果表明上述县市技术效率值最高。此外，有 10 个县市的技术效率值为 0.75–1.00，分别是邹城市（第 10 位，0.97）、莱阳市（第 11 位，0.91）、微山县（第 12 位，0.86）、滕州市（第 14 位，0.83）、章丘市（第 15 位，0.82）、桓台县（第 16 位，0.79）、文登市（第 17 位，0.78）、蓬莱市（第 18 位，0.76）、兖州市（第 19 位，0.75）、五莲县（第 20 位，0.75）占山东省其他地区所选总数的 23.26%。有 16 个县市的技术效率值为 0.55–0.75，占所选山东省其他地区县市总数的 37.21%。有 11 个县市的技术效率值在 0.55 以下，分别是东平县（第 40 位，0.53）、济阳县（第

41 位，0.52）、汶上县（第 42 位，0.52）、长清区（第 43 位，0.50）、宁阳县（第 44 位，0.47）、鱼台县（第 45 位，0.46）、昌乐县（第 46 位，0.46）、泗水县（第 47 位，0.45）、金乡县（第 48 位，0.38）、临朐县（第 49 位，0.35）、海阳市（第 50 位，0.32），占所选山东省其他地区总数的 25.58%。上述结果表明：在山东省其他地区中，绝大多数县市的技术效率达不到 1，技术效率存在提升空间；相当一部分县市的技术效率水平较低，技术效率提升空间相对较大。

以上结果表明，黄河三角洲区域县市平均技术效率水平，要高于所选山东省其他县市。但是仍然有部分县市的技术效率值相对较低。这些县市需要采取措施加以提高经济运行效率，从而促进黄河三角洲区域循环经济的发展。

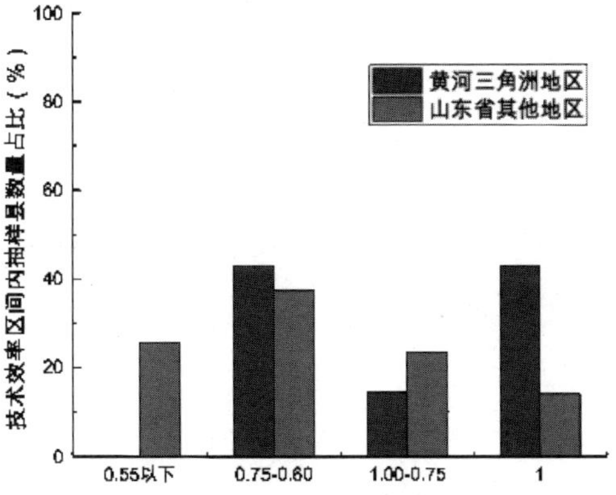

图 3–7　各个区间内所选县市数量占比情况

三、所选县市纯技术效率和规模效率的区域对比分析

本小节主要比较所选黄河三角洲和所选山东省其他地区各县市的 2016 年的另外两项效率值：规模报酬变化情况下的“纯技术效率值”、规模效率（技术效率值与“纯技术效率值”的比值）。图 3–8 呈现了 2016 年各个地区技术效率值和规模效率值的分布情况。

表 3–12 列出了 2016 年不同地区三项效率值的描述性指标，图 3–9 和

图 3-10 描绘了各个指标的对比情况。从均值来看，对于“纯技术效率值”和规模效率，所选黄河三角洲区域县市都高于所选山东省其他地区县市。从标准差来看，所选黄河三角洲区域县市的规模效率值的标准差小于所选山东省其他地区县市的规模效率值的标准差。这表明黄河三角洲区域的各县市规模效率的差异，要小于山东省其他地区县市的差异。从极值情况来看，所选黄河三角洲区域县市的“纯技术效率值”和规模效率值的最小值，大于所选山东省其他地区的“纯技术效率值”和规模效率值的最小值，并且相差较大。

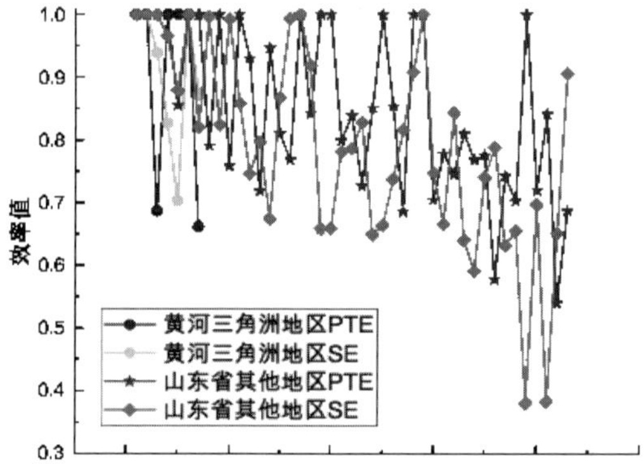

图 3-8　所选县市纯技术效率值和规模效率值的分布情况

注：PTE 是指“纯技术效率”，是规模报酬变化情况下的技术效率值；SE 是指规模效率，是规模报酬不变情况下的技术效率值 TE 与规模报酬不变情况下的技术效率值 PTE 的比值。

表 3-12　各个地区“纯技术效率值”和规模效率值的描述性分析

所选县市所属地区	所选县市数量	指标名称	均值	标准差	最小值	最大值
黄河三角洲区域	7	“纯技术效率值”	0.91	0.15	0.66	1.00
		规模效率	0.91	0.10	0.70	1.00
山东省其他地区	43	“纯技术效率值”	0.85	0.13	0.54	1.00
		规模效率	0.79	0.16	0.38	1.00

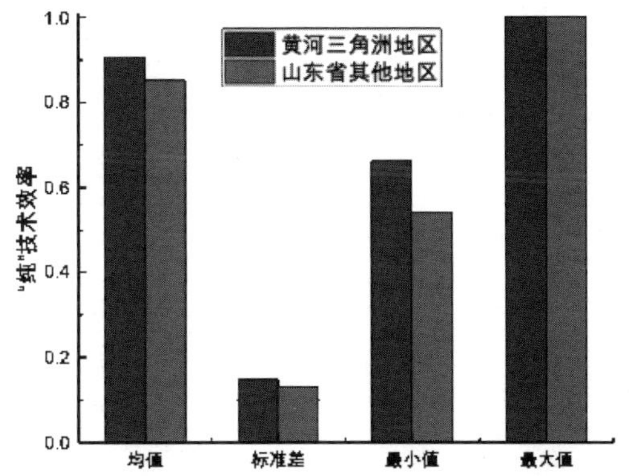

图 3-9　各个地区“纯技术效率值”指标情况对比

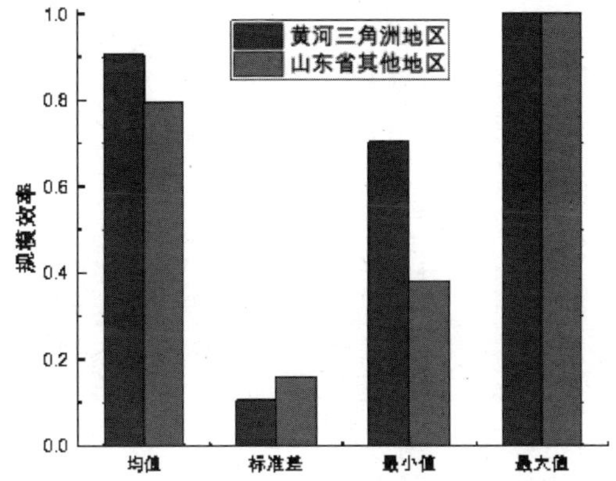

图 3-10　各个地区规模效率指标情况对比

四、所选县市 2015 年和 2016 年技术效率排名变化分析

表 3-13 给出了 2015 年所选山东省县市的技术效率值、“纯技术效率值”和规模效率值，表 3-14 分别给出了 2016 年相对于 2015 年黄河三角洲区域和山东其他县市的效率排名变动情况。

从排名情况来看，和 2015 年相比，在 2016 年黄河三角洲区域的 7 个县中，有 5 个县的排名上升，分别是垦利县、广饶县、利津县、寿光市、高青县；有 2 个县的排名下降，分别是莱州市和昌邑县。莱州市 2015 年的效率排名为第 12 位，2016 年的排名下降至第 13 位；昌邑县 2015 年的效率排名为第33位，2016年的排名下降至第35位。

表3-13 2015年所选山东省县市技术效率和规模效率值评估表

技术效率排名	所选县名称	是否属于黄河三角洲	技术效率	"纯技术效率值"	规模效率
第1位	龙口	不属于	1.0000	1.0000	1.0000
第1位	招远	不属于	1.0000	1.0000	1.0000
第1位	长岛	不属于	1.0000	1.0000	1.0000
第1位	邹城	不属于	1.0000	1.0000	1.0000
第1位	荣成	不属于	1.0000	1.0000	1.0000
第1位	商河	不属于	1.0000	1.0000	1.0000
第1位	乳山	不属于	1.0000	1.0000	1.0000
第8位	垦利	属于	0.9102	0.9194	0.9900
第9位	莱阳	不属于	0.9054	1.0000	0.9054
第10位	章丘	不属于	0.8890	1.0000	0.8890
第11位	长清	不属于	0.8317	0.8328	0.9988
第12位	莱州	属于	0.8305	1.0000	0.8305
第13位	广饶	属于	0.8259	0.9150	0.9026
第14位	滕州	不属于	0.8225	1.0000	0.8225
第15位	兖州	不属于	0.8114	0.8774	0.9247
第16位	桓台	不属于	0.7837	0.7865	0.9965
第17位	五莲	不属于	0.7751	0.7818	0.9915
第18位	利津	属于	0.7675	0.7680	0.9994
第19位	微山	不属于	0.7486	0.9008	0.8310
第20位	文登	不属于	0.7394	0.8352	0.8853
第21位	蓬莱	不属于	0.7034	0.7251	0.9700
第22位	诸城	不属于	0.6933	0.8341	0.8312
第23位	肥城	不属于	0.6692	0.8074	0.8288
第24位	栖霞	不属于	0.6674	0.9569	0.6974
第25位	胶州	不属于	0.6646	0.9332	0.7122
第26位	寿光	属于	0.6530	1.0000	0.6530
第27位	新泰	不属于	0.6520	0.8117	0.8033

续表

第 28 位	平度	不属于	0.6517	1.0000	0.6517
第 29 位	高密	不属于	0.6380	0.7480	0.8529
第 30 位	曲阜	不属于	0.6373	1.0000	0.6373
第 31 位	即墨	不属于	0.6242	1.0000	0.6242
第 32 位	高青	属于	0.6219	0.6267	0.9922
第 33 位	昌邑	属于	0.6184	0.6842	0.9039
第 34 位	青州	不属于	0.6014	0.7603	0.7910
第 35 位	莱西	不属于	0.5920	0.8454	0.7003
第 36 位	梁山	不属于	0.5830	0.8386	0.6951
第 37 位	沂源	不属于	0.5790	0.7081	0.8176
第 38 位	东平	不属于	0.5728	0.7317	0.7828
第 39 位	嘉祥	不属于	0.5662	0.6792	0.8336
第 40 位	平阴	不属于	0.5567	0.6510	0.8552
第 41 位	济阳	不属于	0.5459	0.8429	0.6477
第 42 位	安丘	不属于	0.5394	0.7902	0.6826
第 43 位	汶上	不属于	0.5360	0.7585	0.7066
第 44 位	宁阳	不属于	0.4794	0.7553	0.6347
第 45 位	鱼台	不属于	0.4745	0.6929	0.6848
第 46 位	泗水	不属于	0.4513	0.7730	0.5838
第 47 位	昌乐	不属于	0.4359	0.5924	0.7359
第 48 位	金乡	不属于	0.3934	1.0000	0.3934
第 49 位	临朐	不属于	0.3748	0.5733	0.6537
第 50 位	海阳	不属于	0.3023	0.8326	0.3631

表 3-14　2016 年相对于 2015 年所选县市效率排名变动

序号	所选县市所属地区	所选县市数量	排名上升县市个数	排名不变县市个数	排名下降县市个数
1	所选黄河三角洲区域县市	7	5	0	2
2	所选山东省其他地区县市	43	13	15	15

对于山东省其他地区而言，在43个县市中，有13个县市的排名上升，分别是邹城市、莱阳市、章丘市、兖州市、五莲县、诸城市、栖霞市、新泰市、高密市、梁山县、东平县、长清区、泗水县。有15个县市的排名没有变化，分别是龙口市、招远市、长岛县、荣成市、商河县、乳山市、滕州市、桓台县、沂源县、济阳县、宁阳县、鱼台县、金乡县、临朐县、海阳县。此外，其他县市的排名，均出现不同程度的下降。上述分析表明，黄河三角洲区域和山东省其他地区的县市2016年相对于2015年的总体排名均有升有降，但是黄河三角洲区域县市排名的上升情况要优于山东省其他地区的县市排名的上升情况。

五、所选县市2015年和2016年技术效率值变化情况的比较

表3-15对2015年和2016年所选县市技术效率值进行了描述性分析。其中，增长率的计算以2015年为基期。从均值来看，黄河三角洲区域县市2015年技术效率的均值要小于2016年技术效率的均值，而山东省其他地区县市2015年技术效率的均值要大于2016年。这说明，2016年黄河三角洲区域技术效率较2015年水平有所上升，而山东省其他地区技术效率值则下降。从标准差来看，黄河三角洲区域2015年技术效率的标准差要小于2016年技术效率的标准差，山东省其他地区的县市也存在类似的情况。该研究结果表明，2016年黄河三角洲区域和山东省其他地区的县市在技术效率和规模效率上的差别较2015年要大。图3-11给出了2015年和2016年黄河三角洲区域各县市和山东省其他地区各县市的技术效率值的对比情况。结合四项指标情况可以发现，无论是所选黄河三角洲区域县市还是所选山东省其他地区县市，2016年的绩效水平较2015年的绩效水平均有了小幅度下降。这可能主要由下列两个原因造成的：一是劳动力增长缓慢，导致人口红利逐渐减少；二是一些县市的绩效存在下滑趋势。应该对于这些县市做进一步的深入分析，考察影响经济运行效率的驱动因素，采取有效措施来提高经济运行效率，从而促进循环经济的发展。

表 3-15　所选县市技术效率值的描述性指标

序号	所属地区	县市数量（个）	年份	技术效率统计指标			
				均值	标准差	最小值	最大值
1	黄河三角洲区域	7	2015	0.75	0.11	0.62	0.91
			2016	0.82	0.80	0.77	0.78
2	山东省其他地区	43	2015	0.69	0.19	0.30	1.00
			2016	0.68	0.19	0.32	1.00

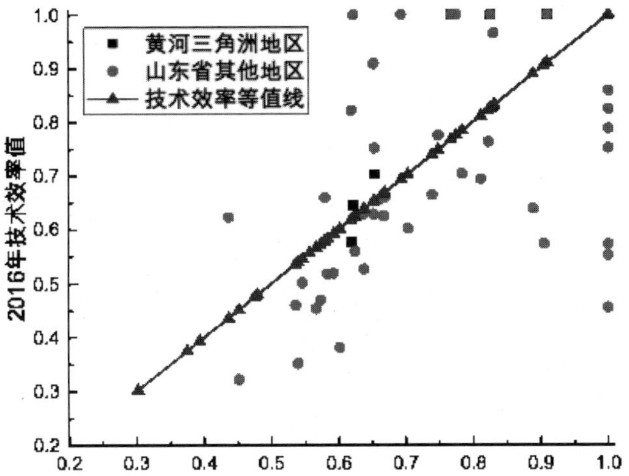

图 3-11　2016 年相对于 2015 年所选县市技术效率值变化

表 3-16　所选县市效率值的增长率

序号	所属地区	数量（个）	所选县市的效率值增长率 %		
			技术效率	“纯技术效率值”	规模效率
1	黄河三角洲区域	7	9.37	7.78	1.48
2	山东省其他地区	43	–0.66	–0.27	–0.5

第四节 本章结论及政策建议

当前，如何提高黄河三角洲区域的经济运行效率，提高经济社会的可持续发展水平，已经成为亟须解决的重要研究课题。在此背景下，本章基于2015年和2016年投入产出数据，选取黄河三角洲区域县市及山东省部分县市为研究对象，评估和比较这些县市的技术效率和规模效率，探讨不同县市在经济运行效率上的差距及其形成原因，并据此提出促进可持续发展的政策建议。

通过本章的研究，可以得出下列结论和政策建议：

第一，促进现有技术的广泛传播可以快速增强国民经济的运行效率，应该成为黄河三角洲区域和山东省其他地区促进经济社会可持续发展的首选。

根据本章研究结果，绝大多数县市的效率值与技术前沿都有差距。所以，相关县市可以通过提高技术效率和规模效率，以提高经济资源的利用程度，提升国民经济的运行效率。对此，相关县市可以引进先进县市的新技术和管理方法，提高本县市的技术效率和国民经济运行效率。

第二，不同县市应该因地制宜，制定效率提高方向。

本章研究结果表明，不同县市在不同类型效率的表现存在一定差距。基于此，技术效率相对低的县市，应该以提高技术效率作为重点；规模效率相对较低的县市，应该调整经济运行规模以提升效率；两者都相对较低的县市，应该同时提升技术效率和规模效率。

最后，黄河三角洲区域应该注重提高环境效率。

本章的初步研究表明，黄河三角洲区域和山东省其他地区在环境效率上也应该有较大的提升空间。然而，由于精力限制，本章未深入研究。不过，本章对相对指标和绝对指标的分析表明，山东省整体环境效率水平存在较大提升空间。为了促进可持续发展，黄河三角洲区域和山东省其他地区应该采取措施，促进环境保护，提高经济社会的生态环境绩效水平。

/ 第四章 / 黄三角区域新旧动能转换方向

纪小乐　魏建[1]

第一节 引言

2018 年初，国务院批复《山东新旧动能转换综合试验区建设总体方案》（国函〔2018〕1 号）（以下简称《方案》）。山东省各地区按照《国家发展改革委关于印发〈山东新旧动能转换综合试验区建设总体方案〉的通知》（发改地区〔2018〕67 号）要求，加快推进新旧动能转换重大工程，全面提升地区发展质量和效益。

《方案》批复的背景，一是是山东省经济保持中高速增长。2013 年以来山东省地区生产总值年均增长 8.2%，2017 年达到 72678.2 亿元，居全国第 3 位；人均地区生产总值从 8000 美元提高到 1 万美元以上。一般公共预算收入 6098.5 亿元，年均增长 8.5%。固定资产投资 54236 亿元，社会消费品零售总额 33649 亿元，分别居全国第 1 位、第 2 位。二是传统行业持续发展。三次产业结构调整为 6.7 ∶ 45.3 ∶ 48.0，第三产业成为经济增长主动力，对经济增长贡献率达到 56.4%。全省规模以上工业企业主营业务收入 14.3 万亿元，居全国第 2 位，其中轻工、纺织服装、机械、化工、

1　纪小乐，山东大学经济研究院博士研究生；魏建，山东大学山东发展研究院副院长、教授、博士生导师。

冶金、建材、医药等7大支柱行业占比约80%。传统产业与信息、智能技术加快融合，转型升级步伐加快，规模以上工业企业完成技术改造投资1.6万亿元以上，居全国首位，高端装备制造、生物医药等过1000亿元的产业集群超过10个。三是以新技术、新产业、新业态、新模式为主要特征的新经济增加值占地区生产总值比重达到22.6%。云计算、物联网、大数据、移动互联网等新一代信息技术迅猛发展，新能源、新材料、现代海洋等产业快速成长，战略性新兴产业占地区生产总值比重达到10.2%。共享经济、平台经济、个性化定制、云制造等新业态、新模式不断涌现。四是创新投入不断增加。全社会研发经费占地区生产总值比重达到2.35%。规模以上高新技术产业实现产值5.5万亿元，占规模以上工业产值比重达到35%左右。山东半岛国家自主创新示范区、黄河三角洲农业高新技术产业示范区建设取得积极进展。国家企业技术中心、企业重点实验室、工业设计中心等创新平台数量均列全国第一。国家超级计算济南中心、海洋科学与技术国家实验室（试点）等一批重大科技基础设施建立。量子通信、高端容错计算机系统、深水半潜式钻井平台、高速动车等一批高端科技项目取得重大突破。专业化、技能型、多层次人才总量突破1500万人。五是营商环境建设取得积极进展。2013年以来，山东累计削减省级行政审批事项641项，省、市、县三级非行政许可审批事项全部取消。全省市场主体达到806.8万户，位居全国第二。山东对外开放战略布局更加完善，主动融入国家“一带一路”建设，积极对接京津冀协同发展，率先建设中韩自贸区地方经济合作示范区、国家跨境电子商务综合试验区等一批高层次开放平台，进出口总额达17823.9亿元，实际使用外资达1210.6亿元，对“一带一路”沿线国家和地区实际投资达100.6亿元。六是绿色发展和主体功能区格局进一步优化。大气污染防治行动计划加快实施，全省PM2.5、PM10、二氧化硫、二氧化氮等主要污染物平均浓度比2013年分别下降41.8%、33.8%、66.2%、22.9%。水环境质量大幅改善，省控重点河流主要水质指标COD和氮氧化物平均浓度比2013年分别下降9.0%和36.5%。土壤和固废污染防治成效明显，工业固体废弃物资源综合利用率达86.1%。

同时，与其他先进省份相比，山东省大而不强，发展不平衡不充分的问题仍然比较突出，质量效益有待进一步提高；化解过剩产能、淘汰落后产能任务艰巨——传统产业占工业比重约 70%，重化工业占传统产业比重约 70%，多数产业处于价值链中低端，转型升级压力大，传统动能主体地位尚未根本改变；新经济规模偏小，新兴产业占比低，在人工智能、工业互联网、车联网等领域实力整体偏弱，新业态、新模式处于起步或跟跑阶段，新动能对经济发展的引领支撑作用尚未充分发挥；研发创新投入不足，规模以上工业企业设立研发机构的仅占 7%，科研成果转化率偏低，自主创新能力亟待提高；能源消耗总量、主要污染物排放总量均位居全国前列，资源环境承载力接近上限；重点领域改革难度加大，国有经济战略布局亟待优化调整，民营企业活力不足，资本等要素市场发育仍不充分，市场配置资源能力和政府服务水平有待进一步提高；开放型经济发展优势挖掘不够，国际化服务体系建设相对滞后，全面开放的广度深度有待进一步拓展。这些是均是山东省加快新旧动能转换必须着力突破的关键问题。

在此背景下，山东省各级政府均提出适合本地区经济发展形势的新旧动能转换方案。本章将对黄三角区域新旧动能转换方案进行提炼分析，比较黄三角各市在新旧动能转换的发展思路和政策措施的异同，为黄三角区域在新旧动能转换、协同发展提供依据与参考。

第二节 黄三角区域各市新旧动能转换方案分析

本节重点分析黄河三角洲高效生态经济区各市新旧动能转换方案的异同。重点从发展目标、发展布局、产业调整、转换动力、空间布局、支撑要素等方面进行分析。

一、发展目标分析

综合分析黄河三角洲高效生态经济区下辖各市的新旧动能转换方案，可以看出发展质量、创新能力、生态环境、体制机制等为各市的共同目标，而部分同时将对外开放、人民幸福感、区域协调等作为其发展目标。

（一）共同目标

1. 提高发展质量。

黄三角各市均提出要充分释放知识、技术、信息、数据等生产要素潜力，达到集约集、聚发展格局全面形成，推动经济发展质量和核心竞争力提升，让产业迈向中高端水平。

其中，东营市将发展质量目标设定为产业结构进一步优化，新经济占比达到 30%，淘汰落后产能阶段性任务基本完成；滨州市提出新经济增加值占比达到 60% 以上，战略新兴产业增加值占地区生产总值比重达 10% 以上，财政收入持续改善，现代产业新体系更加完善；潍坊市提出“四新”经济增加值占比年均提高 1.5 个百分点左右，力争达到 28%，战略性新兴产业增加值占地区生产总值比重达到 15%，现代服务业增加值占地区生产总值的比重达到 29% 左右，税收占财政收入的比重提高到 76% 左右，对内对外双向开放不断扩大，经济外向度达到 27%，国际竞争合作能力大幅提高；德州市提出到 2022 年，一般公共预算收入占全市 地区生产总值 比重达到 8% 左右，税收收入占财政收入比重达到 75%，新兴产业逐步成长为新增长引擎，成为推动经济发展的主要动能；淄博市提出战略性新兴产业增加值占生产总值比重达到 12.5%，现代服务业增加值占生产总值达到 24% 左右，工业化信息化融合指数达到 110，全员劳动生产率提高到 21 万元 / 人，主要行业关键工序数控化率达到 85% 以上；烟台市提出全市全员劳动生产率提高到 21.1 万元 / 人，一般财政预算收入占地区生产总值比重达到 10% 左右，战略性新兴产业占地区生产总值比重达到 17.5%，新经济占地区生产总值比重达到 30.5%。

2. 提高创新能力。

黄三角各市均认为创新是新旧动能转换的重要动力，而人才是实现创新根本保证，在不断加强研发投入的基础上，还需要构建起充满活力、富有效率的创新体制机制。就实现提高创新能力这一目标，东营市将具体目标设定为，到 2022 年全社会研发经费投入占地区生产总值比重达到 2.75%，科技进步对经济增长的贡献率达到62%；滨州市提出研发投入占地区生产总值比重提高到2.8%左右，高新技术企业数量突破200家，科技进步贡献率超过58%，国家级科技创新平台达到10家；潍坊市提出科技进步贡献率达到63%，全社会研发投入占地区生产总值比重提高到2.8%，全市专利申请总量、授权总量年均分别增长7%和4%，每万人拥有研发人员85人，PCT国际专利年申请量达到260件；德州市提出研究与试验发展经费支出占全市 地区生产总值 比重达到2%左右；淄博市提出研发投入占地区生产总值比重达到2.8%，科技进步贡献率达到62.5%以上，国家级研发机构达到23个以上，各类高层次创新创业人才达到500人，每万人拥有有效发明专利15件，“互联网+”指数达到20，人均信息消费达到4800元；烟台市提出全社会研发投入占生产总值比重提高到3%左右，科技进步贡献率超过65%。

3. 改善生态环境。

在新旧动能转换中，生态环境保护和绿色健康发展均被各市列入发展目标，主体功能区战略和生态安全屏障成为地区发展的重要边界。在具体目标上，东营市提出完成万元地区生产总值能耗降低和可吸入颗粒物（PM2.5）浓度降低两项指标完成省下达的任务；滨州市提出万元地区生产总值能耗下降12.5%以上，可吸入颗粒物（PM2.5）浓度降低20%以上；潍坊市提出万元地区生产总值能耗下降12.5%，可吸入颗粒物（PM2.5）浓度降低25%以上；德州市提出万元地区生产总值能耗下降12.5%，可吸入颗粒物（PM2.5）稳定改善；淄博市提出万元地区生产总值能耗持续下降，超额完成国家和省下达的任务目标；二氧化硫，二氧化氮，PM10，可吸入颗粒物（PM2.5）等主要污染物浓度均下降30%以上；烟台市提出万元地区生产总值能耗下降12%，可吸入颗粒物（PM2.5）浓度下降30%，全市林木绿化率达到并稳定在42%。

此外，部分地市将完善体制机制、坚持对外开放、区域协调发展和提高人民群众幸福感等发展目标列入新旧动能转换规划之中。

（二）特殊目标

1. 完善体制机制。

在黄三角区域，东营市和淄博市将体制机制的完善列入新旧动能转换的目标之中，主要涉及营商环境改善、政府服务水平提高等方面。东营市提出建成以负面清单管理为核心的市场准入制度，增强行政审批服务效能，形成要素自由有序流动、公平交易的市场体系，确保市场在资源配置中的决定性作用；淄博市提出打造“三最”城市，并明确到2022年，全市市场主体数量突破50万户。

2. 对外开放。

在国家提出的“一带一路”倡议、京津冀协同发展战略、环渤海战略背景下，黄三角区域部分市将对外开放列入新旧动能转换工作目标，不同市的侧重点有所不同。东营市提出对“一带一路”沿线国家和地区出口占全省比重达到6%；滨州市提出进出口总额占地区生产总值比重达到26%左右，对“一带一路”沿线国家和地区出口占全市比重达到45%左右；淄博市提出经济外向度达到20%，机电和高新技术产品出口占比达到25%，年进出口总额突破1360亿元。

3. 区域协调发展。

潍坊市提出推进辖区内“四个城市”建设，使空间发展布局更加优化，城乡、区域、陆海统筹协调发展，乡村振兴战略全面实施，新型城镇化加快推进，基础设施更加完善，发展空间进一步拓宽，全市常住人口城镇化率达到66.5%。

4. 提升人民幸福感。

潍坊市和滨州市在新旧动能转换中均提到提升人民群众幸福感，实现基本公共服务均等化、教育现代化，充分就业，健全社会保障体系，提高全民健康水平，实现居民收入较快增长，提前完成脱贫任务，让改革发展成果更多更公平地惠及全市人民。此外，滨州市提出中等收入人口比重上升，劳动力人口平均受教育年限达到12.5年。

5. 提高园区承载力和中高端品牌供给。

德州市提出提升辖区内园区承载能力和中高端产品供给。如到 2022 年，“三品一标”产品产地认证面积占食用农产品产地面积的 60% 以上，工业企业低附加值、低科技含量产品占比不断降低，中高端产品占比明显提高，服务品牌知名度不断提升。

二、发展布局

黄河三角洲各市均在新旧动能转换中提到产业发展布局内容。下面把各市的发展布局分为带动区域、支撑区域等进行汇总分析。

（一）发展带动区域

东营市将临港高端石化产业集聚区、新兴产业突破区和高效生态农业创新引领区作为带动区域。临港高端石化产业集聚区以东营港经济开发区（东营港综合保税区）、河口蓝色经济产业园、利津滨海新区为主，坚持港区一体、融合发展，三位一体、集群发展，重点做大做强世界级炼化一体化产业，培育发展新能源新材料、海洋装备、临港物流等产业，打造高端石化产业基地；新兴产业突破区以中心城区、东营经济技术开发区、东营高新技术产业开发区为主，重点发展高端装备、新能源新材料、航空航天、生物医药、现代海洋等产业，发展现代金融、新一代信息技术、文化旅游、医养健康，改造提升有色金属等产业；高效生态农业创新引领区以黄河三角洲农业高新技术产业示范区为主，辐射带动现代畜牧业示范区、现代渔业示范区等，着力建设国家现代农业科技创新中心，培育发展生物产业、现代种业、现代畜牧、现代渔业、健康食品加工、农业智能装备制造等产业。

滨州市将滨州市经济技术开发区、邹平经济技术开发区、北海经济开发区、高新区、博兴经济开发区、滨州工业园区、沾化经济开发区、惠民经济开发区、阳信经济开发区和无棣经济开发区列为重点示范区，在下辖各开发区中发展高端装备、新能源新材料、新一代信息技术、现代服务业、高效生态纺织、生态纺织家纺、铝材精深加工、绿色食品医药、现代渔业、通用航空、大数据综合应用、临港物流、医养康一体化、新型盐化工、轻金属新材料、气化/炼化一体化、粮食加工、现代物流、电子商务、节能环保、绿色肉牛、海洋贝瓷、木器加工、现代文体等产业。

潍坊市将滨海开发区、综合保税区和国家级农业开放发展综合试验区作为新旧动能转换带动区域。其中，滨海开发区坚持生态立区、改革引领、创新驱动、产业强区，以中央城区和央子片区、大家洼片区为引领，以白浪河城市功能服务业轴和渤海路现代产业轴为支撑，以北部滨海风光旅游带、中部滨海特色城镇带及南部蓝色产业发展带为重点，以京沪高铁二线为通道，重点发展高端化工、高端装备制造、能源原材料、信息、现代畜牧（渔）业、蓝色现代服务业、滨海旅游、文化、医养健康、现代金融等产业。综合保税区的南区重点发展电子信息、新材料、新能源等为核心的国际加工与研发、保税展示与跨境电商以及现代物流等产业；北区重点突破石油、木材等大宗商品的临港物流、临港加工以及展示交易等产业。国家级农业开放发展综合试验区实施范围涵盖潍坊全域，推进寿光国家现代蔬菜种业创业创新基地、国家智能农机装备技术创新中心、农业及食品产业大数据中心等一批支撑项目，经过5–10年努力，把试验区打造成为全国农业开放发展引领区、农业科技创新先行区、农村一二三产业融合先导区、农业“新六产”发展示范区，加速打造全市开放发展新引擎、动能转换新动力。

德州市将德州经济技术开发区和国家高新技术产业开发区作为引领区域，德州经济技术开发区重点打造产业生态圈，形成新能源、大健康、电子信息等新兴产业集聚地；国家高新技术产业开发区重点打造创新生态圈，营造有利于创新要素集聚的创新创业环境，形成大健康、高端装备、新能源、新材料等新兴产业聚集区。

淄博市将高青县列为培育发展高效农业、智慧农业、订单农业等农业“新六产”和健康养老、文化旅游等生态环保型、绿色清洁型产业，控制高耗能、高污染行业发展规模和布局，打造生态经济的高地。

（二）支撑区域

东营市将广饶–大王片区、利津–陈庄片区、垦利–胜坨片区和河口片区列为支撑区域。发展橡胶轮胎、生物医药、汽车零部件制造、纺织、造纸、新材料、精细化工、石油石化装备制造、有机化工、农副产品加工等产业，培育发展装备制造、现代物流、新型建材等产业。滨州市下辖各区以各自经济技术开发区为带动，其他区域为相应支撑，按照各区县发展规划实现新旧动能转换。

潍坊市寒亭区、寿光市、昌邑市分别以高铁新城、经济技术开发区为依托，发展高铁物流、节能环保、现代农业、生物医药、石油化工、纺织服装等产业。

德州市以所辖乐陵市、庆云县为传统产业提升带，发展绿色化工、纺织服装、现代高效农业、文化旅游、现代物流、现代金融等传统产业。乐陵市同时重点发展新能源汽车、体育装备等产业，庆云县重点发展新材料、高端装备等产业。

淄博市高青县依托台湾工业园、经济开发区发展氟硅材料、健康医药、新能源与先进制造、现代物流等新兴产业。

烟台莱州市实施莱州港扩建工程，发展临港产业，发展现代高效农业，提升黄金、机械制造、石材、化工和电力能源产业，做大高端装备、电子电器、新材料、节能环保、新能源汽车配套产业，加快发展文体旅游、智慧健康医疗养老和现代物流等产业。

三、产业发展

黄河三角洲各市按照其既有的产业基础，在新旧动能转换规划中明确产业重点与发展方向。本小节按照重点产业和新兴产业两部分进行分析与总结。

（一）重点产业

各市所列的重点产业均为本地已有的支柱产业，新旧动能转换的重点是通过新技术、新思路、发展全产业链实现传统产业的转型升级。

东营市将石化、橡胶、石油装备、有色金属和新能源新材料等产业列为新旧动能转化中的重点产业。石化产业以园区化、链条化、智能化、绿色化为方向，通过建立高端石化产业基地和石化盐化一体化项目，利用清洁生产、智能控制等技术实现石化产业的绿色发展；橡胶产业以高性能橡胶轮胎产品为主，逐步向橡胶配件材料拓展；石油装备产业以产品升级、塑造“产品＋服务＋品牌”的价值链为未来发展方向；有色金属产业以重点提升冶炼水平、延伸产业链为发展思路；新能源新材料依托全省新材料产业“1351”工程，以东营港经济开发区基础原料产业为基础，发展先进基础材料，并加快发展关键战略材料和前沿新材料。

滨州市将高端铝、高效生态纺织、新型化工、粮食加工、畜牧水产作为新旧动能转化的重点产业，对上述行业的升级改造重点在于延伸产业链条、培育自由品牌、强化技术创新、运用新型信息技术，推进国际合作。

潍坊市将现代农业、高端化工业、汽车制造业、现代物流业、文化旅游产业作为新旧动能转换的重点产业。现代农业通过发展农业“新六产”、提高特色高效农业智慧化机械化水平，强化品牌效应；高端化工业通过优化布局发展高端石化、精细盐化工等产业；汽车制造业重点发展中高档商用车和乘用车、特种汽车、汽车关键零部件、新能源汽车、智能网联汽车、动力电池及充电设备等；现代物流业通过提升效率降低成本，加快物流园区建设，形成港口、机场、铁路、公路有机衔接，引进培育壮大物流企业，全面提升物流专业化；文化旅游产业重点发展创意设计、艺术品交易、动漫影视、会展业、文化旅游、乡村旅游等。

德州市和淄博市分别将绿色化工、纺织服装、现代高效农业、文化旅游、现代物流、现代金融六大产业以及化工、传统机械、建材、冶金、纺织、陶瓷七大产业列为运用新技术实现升级改造的传统产业。

（二）新兴产业

各市瞄准山东省提出的十大产业，结合本地优势进行选取。东营市将文化旅游、现代高效农业、生物医药、航空航天列为新旧动能转化的新兴产业。文化旅游产业以构建全域旅游发展体系、提升旅游公共服务质量、发展特色文化产业和数字创意产业为发展目标；高效农业以发展特色高效农业、发展农业“新六产”、提升农业信息化和装备水平为目标；生物医药产业重点发展基因工程药等生物医药以及海洋中成药等海洋药物，同时创新医养健康服务模式及发展环境；航空航天产业依托商业飞行基地建设，发展通用航空、航空金融、航空租赁、航空教育培训、航空旅游、空港物流、航空运动等航空服务。

滨州市将高端装备制造业、新一代信息技术、新能源新材料、医养健康、现代服务业、现代金融作为五大新兴产业。高端装备制造业重点发展轨道交通、装备制造、通用航空装备和机器人；信息技术则重点发展信息基础设施、民生服务、政府治理、产业智慧化、智慧产业化和大数据产业；新能源新材料产业重点发展清洁能源、新能源装备、基础优势材料等；医养健康产业发展以生物医药、医疗器械为主的健康制造业和集医疗、养老、养生、体育等多业态的健康服务业；现代服务业重点发展文化产业、体育产业、旅游业等；现代金融业重点发展地方金融业务，实现金融创新。

潍坊市将新一代信息技术产业、高端装备产业、新能源新材料产业、医养健康产业、现代金融作为新旧动能转换的新兴产业。新一代信息技术产业包括虚拟现实产业、激光雷达产业、地理信息产业、光电及集成电路、大数据产业、高端软件及物联网；高端装备产业包括高端动力装备、智能农机装备、高端数控机床、人工智能、通用航空装备等；新能源新材料产业包括新能源、先进基础材料、生物基础材料、前沿新材料等；医养健康产业包括健康服务业、医养结合产业、生物医药、体育健身等；现代金融包括农村金融、科技金融、文化艺术金融、新型金融业态等。

德州市和淄博市分别将高端装备、生物技术、新能源、新材料、新一代信息技术、医养健康六大产业和新材料、高端装备制造、生物医药、电子信息、新能源与节能环保五大产业列为新兴产业。

从各市选取的新旧动能转换的重点产业和新兴产业来看，重点产业均依托当地的优势支柱产业，在如何做大做强方面各市各有侧重。各市在新兴产业的选取方面更为相似，但发展思路则各有侧重。经济较为发达的市发展新兴产业基础较好，与已有的产业也能形成关联。但各市选取的新兴产业发展规划较为一致，容易造成一定的同质化。

第三节 东营区新旧动能发展规划

东营区根据《山东新旧动能转换综合试验区建设总体方案》《山东省新旧动能转换重大工程实施规划》《东营市新旧动能转换重大工程实施规划》要求，制定了本区的新旧动能转换规划，规划期限为2018–2022年。以下分背景介绍、发展目标、空间布局、产业体系、城市发展、保障措施等几个方面详细介绍。

一、背景介绍

东营区2017年完成地区生产总值499.7亿元，五年来年均增长9.3%；一般公共预算收入达到28.6亿元；全社会固定资产投资545.1亿元，五年来年均增长8%；社会消费品零售总额393.8亿元，五年来年均增长10.2%。三次产业比例达到3.5 ：39.5 ：57.0。2017年，东营区位列全国综合实力百强区第79位、全国投资潜力百强区第49位，海科集团、万通集团入围中国企业500强，科瑞集团入围中国民营企业500强。

2017年，全区研发经费投入占地区生产总值比重达到2.9%，均高出全国、全省、全市平均水平，全区拥有有效发明专利813件，万人专利拥有量12件，列全省第一位。高新技术企业发展到46家，市级科技型企业有69家，分别占全市的30%、43%。

东营区传统产业中农业向生态化、园区化、工厂化、农旅融合方向发展;工业主要涉及化工企业、石油装备企业、商贸服务业等，上市公司有19家。新兴产业也不断发展，涉及物联技术、储能技术、智能技术、页岩气技术、M2M技术研究等。

但是东营区传统产业和传统生产运营方式仍占主要地位，新经济的规模和贡献偏小，新一代信息技术、现代海洋产业、平台经济、共享经济等新产业、新技术、新业态和新模式发展仍处于雏形阶段。城市综合创新环境不够好，难以产生技术水平高、理念先进、成长性好、带动优势明显的创新团队。企业研发投入不足，科研平台少，人才总量偏少，层次结构不优，人才引进难。城区发展受资源环境约束较大，营商环境、政府服务水平有待进一步提高。

二、发展目标

东营区的发展定位为城市经济核心区、品质生态先行区和油地融合示范区。东营区重点突出中心城区的辐射带动作用，积极培育城市经济，同时注意城市宜居宜业的生态保护，在油田“三供一业”及其他企业办社会职能移交的机遇中，实现资源型城市转型，在新旧动能转换中，实现产业智慧化、智慧产业化、跨界融合化和品牌高端化，打造黄河三角洲城市经济核心区。

到 2022 年，全区要实现经济质量显著提升，新经济占比达到 30%，战略性新兴产业增加值占比达到 8%，现代服务业增加值占比达到 32%，基本完成淘汰落后产能阶段性任务；科技创新能力更强，形成一批创新型企业和研发机构。全社会研发经费投入占地区生产总值比重要达到 3.1%，科技进步对经济增长的贡献率要达到 64%，新兴经济成为支撑全区发展的新动力。与此同时，城市生态更加优化，能源利用效率大幅提升，形成绿色低碳生产生活方式；体制机制更加完善成熟，经济不断对外开放。到 2028 年，新旧动能转换格局基本完成；到 2035 年，经济实力、科技实力大幅跃升，法治政府基本建成，建成黄河三角洲现代化中心城区。

三、空间布局

东营区以中心城区为龙头，以高新技术产业开发区、化工产业园区为支撑，构建“一核引领、两区支撑、四镇协同”的空间布局。

（一）一核引领

中心城区。重点提升城市功能、品位和形象，增强集聚和辐射带动能力，强化区域新旧动能转换进程中的核心组织引领作用。突出高端服务，重点发展商贸流通、文化旅游等产业，发展楼宇经济、总部经济，积极发展信息服务、医养健康、现代金融、中介服务等产业，提升现代餐饮娱乐等行业品牌、品质，全面增强城市服务能力，建成黄河三角洲现代化中心城区。

（二）两区支撑

东营高新技术产业开发区。构筑以石油装备和高端智能制造为主导，以军民融合、油田技术服务、生物医药、新能源、新材料、信息技术、装配式建筑产业为支撑，以现代服务业为配套的现代化产业体系，争创国家级高新区。

东营区化工产业园区。突出传统优势，以循环经济和生态工业为主线，重点推动炼油产业结构调整转型、乙烯延伸加工、丙烯延伸加工、碳四延伸加工、化工新材料等五个版块，形成石油化工精深加工产业链与化工新材料产业集群，打造技术先进、环境友好、生态和谐的高端石化产业基地。

（三）四镇协同

牛庄镇。发挥新型农民创业园载体优势，提升吕韵小镇、精耕小镇品牌知名度，促进一二三产深度融合，深化油地融合，打造石油装备产业协同配套区与乡村旅游示范区。

六户镇。依托城南风景旅游度假区建设，瞄准“旅游＋农业”“旅游＋小城镇”方向，重点突破民宿和文创产业，打造全域旅游小镇。围绕高铁建设，超前谋划现代物流业，打造重要的区域性物流基地。

史口镇。以东营区化工产业园区为支撑，加快小城镇建设，发展化工新材料产业、精细化工及休闲旅游业，打造化工产业新旧动能转换示范区。

龙居镇。发挥南二路西延交通优势，以龙居黄河森林旅游区为依托，以特色生态旅游和现代高效农业为主，着力建设“龙居田园综合体”，发展黄河风情民宿，打响林海小镇品牌，提升旅游业发展水平。

三、产业体系

在新旧动能转换中，东营区立足城市经济的定位，瞄准国际标准，对标先进地区，推进新技术、新产业、新业态、新模式蓬勃发展。

（一）发展第三产业

城市经济的重要特征在于第三产业呈现规模集聚态势，东营区坚持生产性服务业与生活性服务业并重，现代服务业与传统服务业并举，培育形成新动能主体力量。

1. 发展商贸流通产业。

建立高品质商贸集聚区。丰富以零售商业、特色街区、专业市场等为主体的商业业态，发挥大型商业广场的辐射带动作用，打造高端都市商贸设施集群。加快建设特色街区，完善街区商贸购物、餐饮娱乐、文化休闲、旅游观光等综合服务功能，推进城市商业中心建设。

发展新零售。重点发展柔性化设计、个性化定制、供应链管理、制造服务化、平台经济等，催生跨区跨境、线上线下、体验分享等新型消费模式，引导消费习惯改变、消费流程重塑和消费模式变革。鼓励大型实体零售企业升级提档，依托现有实体网点、货源渠道、物流配送等商业资源，促进线上线下融合发展，实行商品服务并重。鼓励中小实体店发挥近民优势，完善便利服务体系，打造集生活缴费、收发快递、家政服务、生鲜干货于一体的服务模式。创新融入人工智能、电子商务、互联网等新技术，探索发展无人零售模式，建设一批无人超市、无人便利店等，更好地满足消费者个性化、多元化的消费需求。

发展外贸新业态。发展以跨境电商平台和外贸综合服务企业为代表的外贸新业态。支持易瑞跨境电商平台做大做强，依托科瑞集团供应商及海外子公司资源，广泛布局建设海外仓。拓展海关直通监管场站等公用型多功能保税仓库优势，进一步扩充服务出口功能，引导中小企业对接高水平开放协定和高标准监管规则，打造外向型经济服务展示平台。建设黄河三角洲外贸综合服务基地，打造集展览展示、报关报检、收汇退税等于一体的外贸新港。支持建设大型保税仓储中心、保税产品展示区、葡萄酒文化体验区，形成完善的进口商品贸易产业链。

完善现代流通体系。依托铁路、高速等路网资源，以现代生产型物流中心、商贸型物流中心和配送型物流中心建设为主导，布局建设一批现代化物流集散中心，合理布局物流基础设施。发展汽车物流、快递物流、冷链物流等新兴业态，推广共同配送、多式联运、绿色物流、应急物流等物流运作模式，提升现代物流专业化、信息化和标准化水平。加快建设物流园和物流中心，畅通专业市场平台运营渠道，吸引专业物流企业集群发展。加快原油管道、成品油管道建设力度，优化石油储运设施，提高原料和产品运输效率和安全性。

2. 发展文创旅游产业。

依托黄河文化、石油文化、吕剧文化、湿地文化，丰富新型文化旅游业态，构建完善的全域文化旅游产品和服务体系，打造特色“生态石油城、美丽东营区”文化旅游品牌。

发展文创旅游体系。培育形成“中核、东渔、西樵、南耕、北读”协同发展的空间布局；在中部打造全域旅游核心区；在东部打造生态渔业休闲区；在西部打造森林生态旅游区；在南部打造南耕文化体验区，利用牛庄吕韵、史口荷韵等特色资源，建设特色农耕文化小镇，留住历史记忆；在北部打造耕读文化展示区，营造荷花书屋、白鹭湿地等书香生态。

丰富旅游新业态。将旅游业与农业、工业、医养、文化等产业融合发展。借助石油文化、吕剧文化、盐文化等特色文化资源，打造以特色文化符号为主题，集娱乐、展示、住宿为一体的大型主题游乐园、博物馆、农林牧渔体验园，强化文化体验，留住品牌记忆。依托湿地、河湖、林场等生态资源，定期开展马拉松、自行车、生态河湖游泳、龙舟等特色景观赛事，拉动体育旅游消费。

发展文创产业。开发打造湿地文化、石油文化等特色文化知识产权，实现文化“符号化”，植入旅游娱乐、动漫游戏、特色商品销售等产业。定期开展文化惠民消费季，广泛组织文化消费活动。建设“文化创意集市”，培育文化消费集聚区。建设集标识设计、研发、加工制造于一体的文化产业园，依托“文化东营云”数字平台，提升特色文化共享水平和知名度。

提升文创旅游公共服务质量。通过持续举办文创旅游系列活动，提升文创旅游公共服务质量。逐步推进主要景区无线全覆盖，完善东营智慧旅游服务平台，借助互联网和手机终端，提供旅游线路及活动产品推介、网上预订和电子支付等服务。打造畅达便捷的精品旅游线路，构建以旅游线路为依托的旅游产品体系。积极建设精品民宿、汽车露营地等新型住宿业态，打造以特色文化符号为主题的高档酒店。

3. 发展医养健康产业。

全面落实健康中国战略，利用信息化、智能化技术，改善供给、优化结构、创新模式，推动医疗卫生与养老服务资源有效共享和无缝对接，尽快形成以居家为基础、社区为依托、机构为补充、医养相结合的医疗养老服务体系，争创省级医养结合示范先行区。

发展健康养老产业。优化机构养老服务，加强养老职业队伍建设，由单纯生活照料向文化娱乐、康复护理、精神慰藉等多元化需求转变，由单一的实体服务向“互联网 + 网智慧养老服务转变。推动养老模式由机构养老向社区居家养老转变，促进居家养老服务平台和全民健康信息平台信息共享，建立集养老、救护、咨询、监测等功能于一体的一站式服务平台，实现老年人与社区养老机构无缝对接。

融合发展医养产业。依托东营区健康养老资产管理运营公司，盘活油地医疗和养老资源，发展功能完善的医养结合业务。支持医疗机构与养老机构开展多种形式的合作，推进东营区人民医院与符合条件的养老机构建立医养联合体。鼓励基层医疗卫生机构与辖区养老机构签订长期合作协议，建立“两院一体”模式。支持社区养老机构与周边医疗机构广泛合作，实现“嵌入式”发展。积极推进老年人家庭医生签约服务，实现居家服务医养结合。

（3）培育多业态医养产业。探索发展“医养结合 + 旅游”“医养结合 + 智能”“医养结合 + 研发”等新业态、新模式。借助特色生态旅游资源，规划打造集高端健康服务、康复疗养、休闲度假于一体的大型生态健康医养城项目。发展基于互联网和人工智能的医养健康产业，支持商业应用程序开发，推进远程医疗、移动医疗和医药物流等第三方服务规范发展，提供智能化、数字化服务。推进中医“治未病”服务，开发中医养生保健技术和产品，支持养老机构开展融合中医特色的健康管理服务。

4. 发展信息技术产业。

推广应用互联网、物联网、云计算等技术，推动新一代信息技术与各产业深度融合，以信息化推动现代化。

打造“大数据＋石油化工”平台。整合石油油藏评价、方案设计、石油开采等全过程信息，建立健全石油化工数据库，提升石化管理信息化水平。借助石油石化企业集聚优势，依托黄河三角洲大数据产业园，建设石油石化大数据云计算分析应用服务平台，推动石油装备制造业探索“互联网＋工业制造”新模式。积极引进石油石化及大数据等相关研究院、实验室，吸引高端数据分析人才落户，加强石油石化大数据分析能力及产品开发力度，建设北方石油石化大数据中心。

发展新一代信息技术。建设云计算产业园，以智能机器人制造、大数据、区块链等为重点方向，吸引国内外知名信息技术企业向园区集聚，构建云计算产业链，打造新一代信息技术产业基地。鼓励软件信息企业研发大型行业软件、化工专业软件、数据处理软件、云计算操作系统等产品，巩固发展特色石油石化软件服务，强力推动传统行业转型升级。

深度推进“两化”融合。实施工业互联网创新发展战略和智能制造工程，开展智能车间、智能工厂专项行动，推进科瑞、海科化工等智能工厂试点建设。加快信息化技术在企业研发设计、生产、营销等各个环节的应用，推动企业研发精准化、生产智能化、营销便利化、服务延伸化。鼓励企业开展机器换人计划，加大核心技术研发力度，提高生产经营自动化水平。

拓展信息技术应用场景。推动大数据、物联网、云计算等技术与石油生产与加工、交通、金融服务、网络通信等场景深度融合。推进云计算、物联网、北斗导航及地理信息等技术在交通、物流等方面的应用，为西城更新改造、石油石化物流管道改造提供数据管理平台支撑。鼓励互联网与金融服务、装备制造、医养健康等行业融合发展，增加数字服务内容，增强产业竞争力。加快发展物联网，重点突破智能传感器及节点、高端集成以及网络通信、云安全等关键技术，形成具有自主知识产权的物联网系列产品。

5. 壮大现代金融产业。

完善现代金融服务体系，切实增强金融业对实体经济的支持力度，形成区域性金融中心。

做优金融支柱产业。发挥信贷融资重要渠道作用，保持信贷增速与经济增长合理匹配。积极搭建政银企合作平台，创新合作模式，引导银行机构加大对重点项目、实体经济的支持力度，推动经济与金融良性互动、融合发展。支持银行机构实施差别化信贷政策，强化对重点行业和领域的融资支持，支持企业化解过剩产能，推动企业实施兼并重组。加强与保险资金管理机构对接交流，做好保险资金运用项目的挖掘、筛选、推荐，引导保险资金参与重大工程和民生工程建设。

发展新兴金融业态。完善金融市场、金融组织、金融产品和服务模式，推进普惠金融发展，更好地满足实体经济和人民群众多样化的金融需求。鼓励利用互联网、大数据、人工智能等，进行金融业务流程改造和产品创新。发展绿色金融，开展与环境相关的收益权、排放权、排污权抵押贷款等业务，推广绿色信贷。积极发展养老金融、教育金融、文化金融、旅游金融、农村金融等新型金融服务。规范发展互联网金融、区块链、人工智能等领域的新型金融业态。支持小额贷款公司、融资担保机构、民资机构、典当、融资租赁、商业保理等金融组织创新、可持续发展。积极发展大宗商品交易业务，打造具有区域影响力的交易场所。

拓宽直接融资渠道。加快发展直接融资，多层次对接资本市场。推动规模企业开展规范化公司制改革，建立现代企业制度。加强企业上市挂牌后备资源库建设，支持符合条件的企业到沪深交易所、全国股转系统、区域性股权交易市场及境外资本市场上市挂牌。鼓励企业发行债券，有序开展市场化债转股，发展股权融资。

优化金融生态环境。积极稳妥推进去杠杆，实施市场准入、早期干预和处置退出等机制，探索建立地方性金融风险处置基金，完善地方风险救助体系。打击非法集资、金融诈骗等金融违法犯罪活动，加大对失信和恶意逃废金融债务打击力度。

6. 发展特色楼宇经济。

以商业、办公楼宇、商业综合体、城市综合体等为楼宇经济重要载体，引导楼宇硬件智能化、软件专业化、服务特色化，加快楼宇服务标准体系建设，促进楼宇经济提质增效。

加快建设总部经济。瞄准蓝色、高端、新兴业态的总部企业和机构，实施精品开发、品质招商，吸引国内外大型企业集团、上市公司在我区设立区域性总部、结算中心或各类职能型总部分支机构。建设一批高品质商务楼宇、城市综合体、中央商务区，打造楼宇经济地标性建筑群，形成品牌效应。借助地炼和石化集散地优势，积极推动成品油现货交易中心平台建设。

着力打造特色楼宇。加强楼宇规划策划力度，以龙头企业为核心，着力吸引一批金融保险、法律会计、信息服务等现代服务业企业，打造专业化特色楼宇。鼓励楼宇业主或楼宇管理企业进行楼宇功能定位和特色招商，打造知名楼宇品牌。引导同行业企业入驻同一座楼宇，积极探索“楼宇经济＋特色园区”发展模式，引导产业特色化集聚发展。

拓展楼宇经济发展空间。以西城改造为契机，对现有楼宇提档升级，进一步扩大楼宇资源空间。加快高新区产城融合区块发展，进一步优化园区区域用地功能分区及产业空间布局。完善商业、餐饮、娱乐等配套设施，合理分配城市功能，优化楼宇空间布局，打造楼宇经济新增长极。盘活现有楼宇资源，引导支持业主更新楼宇配套设施、内部环境和房屋立面，提升楼宇档次和品质。

建立数字化楼宇管理体系。建立全区楼宇资源数据库，开发集楼宇资源采集、楼宇空间管理、招商动态发布、客商需求汇总、客流实时监控等功能于一体的楼宇资源管理系统，实现存量及新建楼宇动态化管理、客商需求与楼宇资源最优化匹配、商业流量与网点布局精准化对接。建立楼宇资源管理系统与市场监管、财政税收等部门的数据共享机制，强化数据分析能力。

（二）推动第二产业高端转型

推动工业向高水平、高竞争力发展，引导集群式发展，推动制造业创新生产方式、经营体系和管理模式，实现第二产业提质增效。

1. 做优高端化工产业。

以东营区化工产业园区为主导，以园区化、链条化、智能化、绿色化为方向，坚持创新、安全、环保、质效联动发展，优化产业布局和产品结构，建设生态化工循环经济，推动化工产业向高端化、精细化发展。

打造高端石化基地。以循环经济和生态工业为主线，着力构建循环型产业体系，打造环境优美清洁、生态良性循环的示范园区。构建链式发展模式与集群发展模式，打造石油化工精深加工产业链与化工新材料产业集群，实现“链”“群”耦合发展。进一步突出特色，实现差异化发展，从原料、产品、技术等方面实现升级与发展，重点提高资源利用效率，提升副产品资源加工深度，提高单位投入资源的价值产出，逐步提升竞争力。

推动化工产业精细化发展。加快基础化工产业向下游延伸，推动炼化企业由“一油独大”向“油化并举”转变。按照“炼油产业结构调整及转型升级、乙烯延伸加工产业、丙烯延伸加工产业、碳四延伸加工产业、化工新材料产业”的思路发展五大产业板块，延长产业链，提高化工产品档次。以市场潜力大、发展前景好、盈利能力强为目标，以支持高端制造业发展为重要方向，加快发展高附加值新材料产品。在巩固提升基础炼化能力的基础上，形成以清洁能源、有机原料和合成材料为主体，以化工新材料和精细化工为特色的高端化、清洁化产业体系。

加快化工企业优化整合。发挥主导产业发展基金带动作用，严格执行“四评级一评价”，引导产品同质化严重、产能规模小、竞争力低、环保压力大的化工企业进行兼并重组，淘汰过剩产能，降低环保压力。强化合作共赢理念，鼓励企业通过联合投资、联合研发、联合生产的方式，实现技术集中攻破、材料集中使用、产品集中创新，推动石化企业集体转型、做优做强。

2. 做强高端石油装备及油服产业。

充分发挥优势，进一步扩大规模、拉长产业链条、提升产品档次，推动石油装备向高端智能制造领域延伸和石油技术服务向工程建设方面延伸。发展智能石油装备，推动产业智慧化，推动产业向“生产+服务”模式转变，促进总装及配套产业协调发展。

建设高水平石油装备及油服产业基地。依托东营高新技术产业开发区，推动企业瞄准高标准和国际领先水平，打造国内一流、世界知名的石油装备及油服产业基地。借助产业集聚优势，深化企业交流合作，强化高端装备企业合作关系，引导龙头企业向中小微企业剥离外移中低端产品，实现同步发展。加快实施“高专精尖、强链补链、规模品牌、科技创新、两化融合、市场外拓”六大工程，全方位提高企业竞争力。积极发展石油装备交易、会展、商务、培训、认证和技术信息服务，进一步提升中国（东营）国际石油石化装备技术展览会层次和水平，打造具有国际影响力的区域品牌。

提高产品高端智能化水平。支持高端装备企业研发生产海洋工程装备、成套钻井设备、大型压裂成套装备、油气复合开采系列设备等高端装备，推动产品向大型成套、高效、节能、模块化、智能化方向发展。支持油服平台公司发展以核心技术为支撑的新模式，强化整体性综合解决方案提供能力，推动技术服务由地面工程技术服务向井下作业延伸和陆地向海洋延伸，打造高精尖油服链条，实现由中低端市场向高端市场迈进。

促进石油装备、油服产业双向互动发展。强化石油装备产业和油服产业发展关联度，推动石油技术服务和装备制造业齐头并进。以“内保外延”方式推动油服产业扩大市场，对内重点向老旧油田提供综合性增产方案，提高采收率，向外延伸到海洋勘探，以石油技术服务带动石油装备产业发展。依托易瑞国际石油工业跨境电商、山东休斯顿石油装备交易中心等平台，在石油装备交易的基础上，开发延伸油服产业客户，以装备销售带动油服输出。

3. 做精精密铸造产业。

提高精密铸造产业质量和效率，改善该行业劳动条件，降低能源与材料消耗，积极研发生产高铁、航空、军工等高端产品，全面提升工艺设备的自动化、智能化、节能化水平。

改善产品结构与品质。加快生产车用铸件、建筑五金等高需求产品，研发生产航空零件、高速铁路零件等高端产品。借助“军民融合”，积极布局军工类产品。鼓励企业采用 3D 打印技术，提高快速自动成型水平。支持企业使用熔模铸造等低能耗先进工艺，积极研发高端熔模真空精密铸造等新工艺，引进研制合金纯净化设备、铸件矫正等清理设备，采用先进的质量检测仪器，严格控制制造过程，加强工艺处理水平，实现精密铸造行业做优做强。

深化计算机系统使用水平。利用计算机信息管理技术，改善与提升生产制造、销售、物流流程。深化计算机系统在精铸生产中的应用，逐步实现模拟设计与制造、网上交易、远程开发。通过应用凝固模拟软件等强化铸件工艺设计，提高一次成品率。

巩固拓展市场地位。利用各种国际展会和媒体，加大产品宣传力度，提高直接客户比例，树立特色品牌和提高知名度。提高精铸产业集群信息互通能力，进一步发展和扩大业务。设立精密铸造基金，对出口比重大的精密铸造企业给予资金支持，扶持精铸产业快速发展。

4. 壮大新能源新材料产业。

发展新能源电池技术，优先布局一批新能源项目，抢占新能源产业发展先机。做大做强石墨烯、生物基材料、高分子材料等新材料产业，带动石化产业转型升级。

发展新能源产业。引导新能源企业与高等院校实现对接，建设氢燃料电池研究院、锂电研究院等高水平研发机构，拓展新能源产业链。依托新能源汽车展销体验中心、汽车主题公园、新能源科技大厦，建立新能源汽车生产制造、销售、体验及售后服务为一体的服务平台，打造黄三角区域新能源汽车集聚基地。利用滩涂、盐碱地，建设地面光伏电站，带动光伏系统集成等装备产业发展。充分发挥石化余热优势，提高地热资源利用水平。积极发展生物能源、海洋能源等高效环保能源，培育新能源产业。

拓展化工新材料产业链。依托东营区化工产业园区，以园区化工企业下游延伸产品为抓手，积极发展高性能树脂、高性能合成橡胶、高性能纤维、功能性膜材料、电子化学品等产品。加快建设海科新材料产业园，做大做强石墨烯、生物基材料、高分子材料等新材料产业。以汽车工业、新能源产业、电子工业应用为方向，培育发展高端特种化学品。支持研发生产前沿新材料，在新型半导体材料、超导材料、晶体材料、3D 打印材料等方面实现突破。

5. 发展壮大建筑产业。

紧抓城市生态更新机遇，借助老旧小区改造、城市基础设施更新、企业搬迁机会，促进建筑产业改革创新，带动建筑企业做优做强。

发展壮大建筑企业。引导和鼓励骨干建筑业企业通过兼并重组、股权置换等方式组建大型企业集团，培育高竞争力建筑业企业。抓住国家生态园林城市创建、油田市政设施移交改造等机遇，带动建筑相关企业从房屋建筑向市政工程发展，引导企业参与 PPP 项目。推动建筑劳务企业转型，着力建设规模化、专业化的建筑产业工人队伍，实现建筑工人公司化、专业化管理。建设建筑行业信用评价体系。

引导建筑业向装配化、智慧化发展。加快建设高新区装配式建筑产业基地，推广发展装配式建筑产业，引导传统建筑、开发企业向装配式建筑企业转型发展。支持建筑企业研发应用装配式建筑新技术，实现设计、生产、施工全产一体化发展。鼓励施工企业加快应用装配式建筑施工技术，支持公共租赁住房、棚户区改造安置住房、市政基础设施等项目中使用装配式建筑技术。鼓励采用菜单式集体委托方式进行装修，促进个性化装修和产业化装修相统一。

（三）推进现代高效农业发展

坚持农业、农村优先发展，加快推进农业供给侧结构性改革，积极探索产出效率高、产品安全、资源节约、环境友好的现代高效农业发展新路径。

1. 发展特色高效农业。

按照“两区、三基地、四长廊”产业发展布局，全面提升农业生态化、园区化、工厂化水平，促进农业综合生产能力大幅提高。实施耕地质量提升工程，推进高标准农田建设，稳定提升粮食生产能力，优化粮食种植结构。建设盐碱地农业科技创新基地，推进耐碱植物研发。利用油田地热资源，发展花卉种植等高端农业，打造高档花卉集聚区。推动奶畜牧优势产业转型升级，推进一体化发展，加快养殖场标准化、生态化建设步伐，建设现代畜牧产业园区。到 2022 年，高标准农田面积达到 20 万亩，粮食总产量稳定在 13 万吨左右，肉蛋奶总产量达到 2.7 万吨。

2. 加快发展农业“新六产”。

促进农业与加工、流通、旅游、文化、康养等产业深度融合，推动产业链相加、价值链相乘、供应链相通“三链重构”。加快建设各具特色的田园综合体，打造休闲农业产业带，发展休闲观光、体验采摘、农家乐等特色项目。支持农产品加工企业与农户建立原料供应利益联结机制，鼓励龙头企业建立自己的原料基地，逐步实现农产品加工原料生产基地化、专业化、规模化和标准化。

3. 加快提高农业现代化水平。

推广应用农业新品种、新技术、新模式、新装备，加快推进农业科技化、标准化和信息化。支持新型经营主体发展，培育多种形式的农民合作组织和特色鲜明的家庭农场。构建现代农业经营体系，提高农村电商、冷链物流、技术服务等应用水平。推动农业产业化集群式发展，应用工厂化农业模式，培育壮大农业龙头企业。

4. 加快完善农业服务体系。

提升农业社会化服务水平，以区为中心，以镇为平台，依靠基层公益性服务组织和经营性服务组织，借助各类农业新型生产经营主体，创办农机、植保、灌溉等专业化服务组织，推广土地托管、半托管等服务模式，建设农业产前、产中、产后机械、科技信息和疫病防治体系。

（四）发展壮大现代海洋产业

发展渔业生产基地和休闲渔业示范基地、海洋石油装备产业，探索发展海洋生物食品医药、海洋新能源、海洋新材料等产业，拓宽海洋经济发展模式。

1. 发展高效生态海洋渔业。

依托省级现代渔业示范区 5 万亩标准化海水养殖基地，发展海参、梭子蟹、对虾等优势品种养殖，发展陆基工厂化养殖业，推动海洋渔业向高、精、尖发展转变，打造东营区乃至东营市重要的工厂化设施渔业基地。改变以底栖贝类为主的粗放式养殖模式，积极推广海域立体养殖模式，提高海域利用率，进一步扩大经济生态效益。认真做好增殖放流工作，有效恢复渔业资源。

2. 推进海洋捕捞业转型升级。

实施“减船转产”工程，引导近海捕捞渔民发展水产养殖加工营销、休闲渔业、港口服务等服务业。积极引导渔民淘汰老旧渔船，使用更安全、更节能、更环保的标准化渔船，鼓励符合条件的标准化渔船从事远洋渔业，推动远洋渔业持续健康发展。

3. 打造休闲渔业示范基地。

坚持“生态优先，绿色发展”的理念，支持传统渔业向休闲渔业转变，挖掘渔业发展潜力。加快“东渔”建设，推进水产品批发市场、广利渔港“五彩渔村”以及广利岛开发建设，力争将广利港建设成为集渔业生产、水产品交易、休闲观光、餐饮娱乐为一体的渔业特色小镇，打造山东最美国际渔村。依托胜大淡水养殖场 1.5 万亩养殖基地，建设集水产养殖、观赏体验、休闲垂钓、餐饮娱乐等于一体的休闲渔业公园。

4. 发展海洋装备制造及海洋新兴产业。

重点开发海洋工程平台、水上工作平台等海洋工程装备及其配套装备，推动海底矿产资源勘探及试开采进程。发展海洋生物食品医药、海洋新能源、海洋新材料等战略性新兴产业，探索海洋生态环境和谐、海洋资源高效利用的经济发展模式。支持制药企业探索海洋生物医药领域，突破海洋生物医药等产品技术研发。依托产业园区，鼓励企业发展海水源热泵技术、温差发电技术和海水利用等海洋新能源新材料。

四、城市发展

东营区是黄河三角洲高效生态经济区重要的城市区域，城市建设对区域发展、要素集聚具有重要作用。东营区在新旧动能转换中着力将自身打造成为品质之城、生态之城、智慧之城、文明之城。

（一）建设品质之城

1. 实施城市生态更新改造工程。

结合城市总体规划和土地利用规划，研究制订西城生态更新改造方案和计划，对西城老旧小区、厂矿大院、城中旧村进行系统改造，用 4 年左右的时间基本完成改造任务。统筹谋划生态更新改造的空间布局，实施“一核突破、两极带动、轴带联动、片区协同、多点支撑”战略，集中突破西城核心区，发挥东营区新区和胜利花苑片区的辐射带动作用，统筹谋划重点河路轴带，实施片区开发和规模改造，确保改造区域与新城区无缝对接、系统耦合，快速提升城市形象品质。

2. 改善城市基础设施配套。

推进河广大道、庐山路南延等重大市政道路建设，系统推进片区道路、城市支路、背街小巷建设和提升，地上地下同步建设，路面立面同步改造，市政设施同步配套，地下管廊、交通设施、市政绿化、沿街立面一步到位，修好一条路，扮靓一条街，繁荣一方经济。实施城区道路畅通工程，完善桥梁、地下管网、城市慢道等设施，规划建设集约式停车场，方便群众出行。统筹推进供水、供暖、供气、雨污分流等配套设施建设改造，启动地下综合管廊建设，完善西城城市功能。

3. 提升城市服务功能和形象品质。

坚持“以疏为主、多拆少建”的原则，以西城生态更新改造为契机，通过市政设施、环卫设施、公用设施、园林绿化设施的更新完善，优化学校、医院、农贸市场、停车场的布局，全面完善城市功能。在此基础上，以骨干道路、河流水系为轴线，以重点片区为平台，系统谋划街区、商区、厂区、居住区等形态改造，统筹推进路面、屋面、立面建筑改造，注重风貌、色调、高矮的错落有致和美观协调，力求展示鲜明的特色和风格。

（二）建设生态之城

1. 构建东营特色的城市生态体系。

以创建国家生态园林城市为抓手，突出“大空间、大绿地、大水面、大湿地”生态特色，系统推进国土绿化、城市绿化工程，持续实施城市生态提升工程。在北部，加快白鹭生态湿地、西郊休闲观光湿地建设，着力打造特色城市湿地；在南部，以南一路、南二路为双轴心，串联六户生态林场、揽翠湖旅游度假区等生态基地，建设城市绿心；在西部，以龙栖湖湿地公园为核心，以南二路西延工程为契机，精心打造一批生态景观节点，构建沿黄生态屏障；在城区，积极推进森林公园二期工程，提升东营森林公园等各大公园生态层次，新建一批街头公园，绿化裸露土地，完善公共服务设施，为市民提供舒适自然的休闲娱乐场所。

2. 建设特色鲜明的滨海湿地城市。

严格落实海洋生态红线制度，推进沿海湿地修复保护，加强东营莱州湾蛏类生态国家级海洋特别保护区建设，编制广利岛保护利用规划并积极推进广利岛利用。科学管理湿地资源，持续推动湿地公园建设。宣传湿地生态文化，完善湿地旅游配套，树立湿地生态旅游品牌，发展高标准湿地经济，创建国际湿地城市，打造美丽“湿地之城”。

3. 打造石油城市环境保护的示范典型。

结合矿区、油区、化工集聚区、生态脆弱区的特点，科学论证环境保护和污染治理的方法路径，系统谋划论证项目，积极争取国家、省、市支持，吸引社会力量投入，持续实施环境保护攻坚战，力争用 3–5 年的时间全面补齐西城环保设施短板，建立起系统科学、管理高效的环境保护机制。

（三）建设智慧之城

1. 完善信息数据支撑体系。

围绕“互联网 +”建设需求，积极推动电信企业建设高效泛在的信息基础设施，着力提高 4G 网络全覆盖，加快布局下一代互联网。整合道路、管道、线路等公共设施数据，实现数字化管理。积极引进云技术中心、大数据平台等重大数据载体设施，加大信息、数据、智能化等方面人才的引进和培养的力度，为智慧城市建设提供保障。

2. 加快智慧系统建设步伐。

以智慧城市顶层设计为统领，以电子政务为重点，突破部门界限与“信息孤岛”，积极推广运营商投资建设、专业化企业运行维护、政府购买服务的建设运营模式，广泛吸引社会力量参与智慧城市建设。加快建设智慧交通、智慧教育、智慧医疗、智慧社区、智慧政府，建立完善基于云计算、统一标准和统一管理的智慧城市公共管理平台和数据资源中心，实现信息资源互联互通、协同共享，力争到 2020 年建成智慧城市。

3. 积极发展信息智慧产业。

通过引进战略合作伙伴，依托大数据中心，按照“以市场换产业，以应用促发展”的原则，培育和发展以软件服务、信息技术服务、数字内容多媒体、大数据产业、灾备产业为重点的信息产业。以重大智慧城市建设项目为引导，积极鼓励本土企业发展高端智慧产业，支持小微企业在智慧产业领域深耕细作，打造分工协作、配套协同的产业体系，推动本土企业在智慧产业领域实现突破跃升。

（四）建设幸福之城

1. 提升公共服务水平。

加大对教育、文化、卫生事业的投入，完善城市公共服务设施，推行政府购买社区社会服务，提高城市公共服务水平。进一步深化行政审批制度改革，实现项目审批提质提速，提高行政审批的便民化水平和便捷化水平。

2. 提升城市治理水平。

积极探索城市精细化管理模式，开展城市精细化管理十大专项行动，力争用 3 年左右的时间，全面解决城市管理中的各类突出问题。积极巩固拆违治乱成果，完善长效管理机制，创建无违建区、无违建镇街。不断深化完善社会网格化管理机制，提升安全生产、社会稳定、环境保护等重点工作精细化、精准化管理水平。积极推动法治城市建设，完善综合执法部门权力和责任清单，提高城市综合执法水平。深入开展美丽社区创建活动，营造环境整洁优美、道德风尚良好、服务功能完善、文化生活丰富、社会治安稳定、居民舒心满意的良好环境。

3. 提升城市文明水平。

推进社会信用体系建设，落实守信联合激励机制和失信联合惩戒机制，提高全社会诚信意识。全面巩固文明城市创建成果，动员油地军校、市区村企的力量，在全社会开展文明公约行动，积极倡导“和谐、诚信、创新、卓越”的东营精神和油城文化。按照打造“志愿者之城”的目标，全面完善志愿服务的长效机制，着力提高社会文明程度和治理水平，推动社会主义核心价值观在东营区落地生根、开花结果，打造东营区的城区名片。

五、保障措施

（一）以改革制度释放红利

在中央、省、市全面深化改革的大背景下，构造服务市场经济发展的政务环境，构筑新旧动能转换的动力体系。

1.“放管服”改革。

推进简政放权、放管结合、优化服务改革。积极推进“互联网 + 政务服务”，完善提升政务服务平台功能，做到“应上尽上、全程在线”。优化政务服务环境，落实重点投资项目全程代办制和手续办理“绿色通道”，加快推进智慧政务建设，全面提高办事效率。完善黄河三角洲第三方服务基地功能，全面推进“中介服务平台、信息共享平台、撮合交易平台、信用评价平台、部门监管平台、两新组织平台”这六大平台建设，消除部门间信息壁垒，实施“一枚章管审批”。加强政务服务标准化建设，进一步规范行政权力运行、优化政务服务供给。

2. 投融资改革。

创新政府投资方式，完善配套措施，发挥 100 亿元石油石化产业投资基金、30 亿元新兴产业及上市并购投资基金引导作用，健全 PPP 模式制度，建立完善的投资决策、风险控制、收益分配和多样化退出机制，推动政府、企业、社会实现共赢发展。制订企业上市挂牌三年行动计划及年度计划，落实推进政策措施，提升直接融资数量规模。推进地方融资平台市场化转型，开展投融资平台存量资产证券化试点。

3. 促进市场主体健康发展。

分类推进国有企业改革，积极开展兼并重组、资产证券化、员工持股、差异化考核等试点工作。深化国有资产管理体制机制改革，制定国有资本投资项目负面清单，完善国有资本运营平台，推动国有资本向战略性、创新性、引领性产业布局转移。支持民间资本通过出资入股、股权收购、股权置换等多种形式参与国企混合所有制改革，探索保护中小股东投资权益和经营话语权的有效方式。落实支持非公有制经济健康发展的十条意见，严格落实以负面清单为主的产业准入制度，放宽民营经济市场准入，发展政府和社会资本合作（PPP）等模式。实施小微企业治理结构和产业结构“双升”战略，加快推进中小企业服务体系和信用担保体系建设。

（二）以创新提升发展质量

1. 创新驱动发展工程。

强化企业技术创新主体地位。推进新一轮创新型企业、高新技术企业和科技型中小企业培育。加大对科技成果转移转化、创新产品市场开拓、产业化激励等政策扶持力度，支持智力要素和技术要素更多参与创新收益分配。培育行业领军企业，支持龙头企业与高校、科研院所共建科研基础设施和产业创新联盟，力争突破一批关键核心技术，获得一批自主知识产权成果，形成依托大企业推动行业创新与应用示范的良好局面。发展科技型中小企业，坚持“专精特新”，引导中小企业专注核心业务，强化技术创新，提高专业化生产服务和协作配套能力，促进中小企业集聚集约集群发展。

提升区域创新平台支撑作用。完善科技服务体系，发展科技服务业，建设创业创新开放式综合服务平台。加大关键共性技术研究，深化与名院名校名企的战略合作，按区域优势产业引进、建设一批行业技术研究院和行业产业技术创新联盟。发挥胜利油田“六院二中心”、东营石油经济技术研究院、中国石油高校科技成果转化中心、山东省科学院与东营区院地合作协同创新基金等资源优势，搭建科技创新－成果转化－产业培育－品牌塑造的创新链条。建设一批院士工作站、工程技术研究中心、实验室等科研创新平台和数据中心，为企业发展提供强大动力。

2. 产业人才强区工程。

构建产业人才集聚体系。加快实施东营区“双创英才”集聚工程，编制《招才引智推介目录》，构建与现代产业发展相适应的人才体系。建立人才信息数据库，搭建人才信息平台。探索建立油地人才科技协同创新联盟，建立常态化沟通交流机制。依托东营区人才服务和科技成果转化中心，建立油地企科技成果共享共用模块，打造专业化、一体化产学研联动平台。建立企业家智库，提高经济形势研判、产业规划咨询、企业发展指导、新上项目评估的专业性、科学性。

加强高素质技能人才培育。创建新型农业职业院校，积极开展农业技术普及和职业技能培训，培育一批高素质新型职业农民。依托高校和人才孵化基地，按照高端装备、高端化工、新兴制造业等产业的长期发展要求，重点培养掌握新技术、具备高技能的人才。借助各专业性服务业培训机构，重点培养医养健康、专业护理、高技术服务等现代服务业人才。积极促进龙头企业与相关高校共建教学实验基地和人才培养基地，将企业技能标准融入教学。借助产业技术研究院、技术研究中心等教育平台，扶助企业进行联合研发、成果转化、人才培养与培训等服务。通过持续举办年度职业大赛和培训课程，不断提高企业人才专业化水平。

3. 品牌标准引领工程。

实施行业标杆品牌战略。以“胜利”“科瑞”两大品牌为引领，围绕石油装备、石油工程相关企业的研发创新、生产制造、质量管理和营销服务全过程，建立健全企业品牌管理体系，实施品牌辐射、品牌联营、品牌输出，打造国际石油装备、石油工程品牌的“航母舰队”。支持企业加强商标注册，优先支持境外商标、专利注册，鼓励兼并收购境外品牌，提升品牌国际知名度。建立海外商标纠纷预警和危机管理机制。引导企业加强品牌资产管理，提高商标品牌价值。

实施标准和知识产权战略。支持企业以研发成果申请专利，积极推动实现专利向标准转化。积极鼓励企业参与和主导行业标准、国家标准、国际标准的制定，掌握行业话语权，加强标准推广力度，巩固和提升石油装备和油服产业的领先优势。深入培育企业知识产权运用能力，打造并强化企业突破核心技术能力、创新成果产业化能力、向产业链高端跃升能力和应对国际纠纷能力，切实提升企业运用知识产权参与国际竞争的能力。促进知识产权与金融资源的有效融合，全面促进知识产权转移转化，拓宽中小微企业融资渠道，引导金融资本向高新技术产业转移。

推进质量诚信体系建设。建立覆盖设计、采购、生产、检验、流通、售后服务全过程的质量诚信制度。健全企业质量诚信体系数据档案，完善企业质量信用评价体系，建立质量信用黑名单制度。加强质量管控。倡导零缺陷理念，引导企业全面推行 ISO9001、六西格玛管理，提高在线监测、在线控制和产品全生命周期质量追溯能力，打造东营区产品质量可靠的行业典范。

（三）以开放实现共赢发展

顺应经济全球化的趋势，深度参与“一带一路”倡议，提高贸易投资便利化、自由化、国际化水平，积极培育对外开放新形势，推动形成全面开放新格局。

1. 坚持城市国际化发展战略。

按国际标准建设活跃开放、生态宜居型城市。积极做好中国（国际）石油石化装备与技术展览会、黄河口国际马拉松赛等交流活动，加快城市设施国际化，提高知名度和影响力。加快国际学校、涉外门诊、高端医疗服务机构、高端康养服务机构等城市服务体系建设，在城市建设、文化教育、医疗服务、休闲旅游、社会管理等方面与国际接轨，提升对国际化人才、资本等生产要素的吸引力。

2. 深度融入国家开放战略。

积极融入“一带一路”倡议，以胜利油田工程公司“一带一路”沿线国家国际化经贸合作平台、科瑞集团国际贸易平台为载体，鼓励和支持更多优势企业组团走出去发展，积极打造石油装备、油气资源、精细化工等产业创新、展示、销售全球中心。加强对外投资和经济合作，开展跨国经营和并购重组。支持企业在海外建立销售网络和设计研发中心，聚集各方面人才，在全球范围开展资源配置和价值链整合。整合企业在各自领域获取技术、信息、销售渠道等资源，打造国际化中小企业产业“走出去”集群。

3. 创新区域开放合作模式。

依托东营区在黄河三角洲高效生态经济区的优势地位，加强与京津冀、环渤海经济带区域融合，探索建立产业、城市、生态、科技等领域的协同发展体系。紧紧抓住石油装备、精细化工产业优势，积极争取国家、省、市的政策和资源支持，探索最佳开放模式。加强地方政府间交流，互相学习借鉴城市创新发展经验，深化文化、体育、教育、医疗卫生等领域合作，加强国际友城间创新型人才的交流、培养。加强与东营市各区县的合作，强化和拓宽对周边区县的辐射渠道，加快与其他区县间各要素的流动、融合和共享，进一步提高东营区经济首位度。

4. 开展招商引资。

依据东营区比较优势，围绕石油装备和油服产业等主导产业，依托胜利油田、海科集团等龙头骨干企业，积极引进上下游关联产业、配套产业和支撑产业，形成竞争力强、特色明显的产业集群和产业配套体系。着力引进一批对产业转型升级起关键作用的项目。促进项目间的互补和联动，扩大产业群集聚，促进产业链向高附加值方向延伸。加大对新产业项目和新技术项目的引进力度，对具有高成长性、高科技含量的中小型项目加大扶持力度，力争实现“以点带面，弯道超车”。完善项目管理程序，建立健全相关的法律、法规和资金政策，为项目实施落地创造良好的环境。

/ 第五章 /

黄三角区域上市公司发展报告

万俊斌[1]

本章概述了山东省境内上市公司的总体情况，报告了黄河三角洲高效生态经济区上市公司具体数量、注册地址、上市交易场所、所属行业、控股股东与实际控制人等情况，使用总资产、年个股总市值、净资产收益率、总资产增长率、总资产周转率、资产负债率、流动比率、支付给职工以及为职工支付的现金、支付的各项税费、现金分红金额等众多指标，与全省、全国对比分析了黄河三角洲区域上市公司的发展规模、盈利能力、发展成长能力、运营能力、偿债能力、社会贡献能力，与各公司所属行业对比分析了黄河三角洲区域上市公司的经营情况。结论认为，黄河三角洲区域上市公司的发展规模相对较小，盈利、发展成长能力较强，社会贡献较多，债务风险相对较高，运营能力、偿债能力有待强化，社会贡献提升空间较大。

1　万俊斌，山东大学山东发展研究院讲师、博士、硕士生导师。

第一节 山东省上市公司发展的总体情况

根据中国证券监督管理委员会统计信息[1]，截至 2017 年 12 月，山东省境内上市公司 196 家，比上年同期增加 23 家，上市公司总股本 1969 亿股，比上年增加 16.62%，境内股总市值 21192 亿元，比上年增长 8%，目前拟上市公司有 90 家。

在山东省 196 家境内上市公司中，发行 A 股公司 194 家，发行 B 股公司 5 家，A、B 股均发行公司 3 家，境内外都发行公司 7 家，*ST 公司[2]两家；A 股流通股本 1510 亿股，B 股流通股本 12 亿股，境内上市公司境外股（H 股）61 亿股，上市公司流通市值（境内）20253 亿元，比上年增加 9.37%。

表 4-1　2017 年山东省境内上市公司总体情况

行次	项目	单位	总额
1	上市公司	家	196
2	其中：发行 A 股公司	家	194
3	发行 B 股公司	家	5
4	A、B 股均发行公司	家	3
5	境内、外均发行公司	家	7
6	ST 公司	家	0
7	*ST 公司	家	2
8	退市公司家数	家	0
9	拟上市公司家数	家	90
10	上市公司总股本	亿股	1969.4
11	中：流通股本 A 股	亿股	1510.48
12	B 股	亿股	12.23
13	境内上市公司境外股（H 股）	亿股	60.54
14	上市公司总市值（境内）	亿元	21192.03
15	上市公司流通市值（境内）	亿元	20253.24

数据来源：中国证券监督管理委员会，http://www.csrc.gov.cn/pub/newsite/

注：表中境外发行公司数不包含纯境外上市公司。

1　中国证券监察委员会官方网站，http://www.csrc.gov.cn/pub/shandong/。

2　*ST 公司是指因经营连续亏损等原因被沪深证券交易所实行退市风险警示的境内上市公司。

在山东省17个地级市中，烟台（38家）、青岛（29家）、济南（25家）、淄博（23家）、潍坊（22家）拥有上市公司均超过20家，威海11家，济宁和德州各9家，滨州8家，东营5家，泰安、聊城、临沂各4家，菏泽2家，还有枣庄、日照、莱芜各1家，山东省在境内总共有上市公司196家。

山东省拟在境内上市的公司数量最多的是青岛（23家）、济南（17家）、烟台（12家）、淄博（8家）、潍坊（8家），最少的是菏泽（无）。另外，威海和德州各4家，日照3家，滨州、东营、莱芜各2家，济宁、泰安、聊城、临沂、枣庄各1家，拟在境内上市的公司总共90家。

表4-2　2017年山东省境内上市公司、拟上市的公司地区分布表

地级市名称	上市公司数量（家）	拟上市的公司（家）
烟台	38	12
青岛	29	23
济南	25	17
淄博	23	8
潍坊	22	8
威海	11	4
济宁	9	1
德州	9	4
滨州	8	2
东营	5	2
泰安	4	1
聊城	4	1
临沂	4	1
菏泽	2	0
枣庄	1	1
日照	1	3
莱芜	1	2
合计	196	90

数据来源：中国证券监督管理委员会，http://www.csrc.gov.cn/pub/newsite/

第二节 黄三角区域上市公司总体状况

截至 2017 年 12 月，黄河三角洲高效生态经济区内在境内上海证券交易所、深圳证券交易所上市的公司共有 22 家[1]，占山东省境内上市公司总数的 11.22%，2017 年先后有金麒麟、先达股份、弘宇股份 3 家公司上市。22 家上市公司全部发行 A 股，同时发行 B 股的有 1 家（晨鸣 B 200488），同时发行 H 股的有两家（晨鸣纸业 01812、山东墨龙 00568），*ST 公司有 1 家（*ST 墨龙）。2017 年个股交易股数 292.62 亿股，个股流通市值 1156.70 亿元，总市值 1528.51 亿元。

根据上市公司注册地址，在 22 家上市公司中，淄博高青县没有上市公司；东营市共有 5 家，其中，东营区 2 家、广饶县两家、垦利区 1 家；滨州市共有 8 家，其中，滨城区 3 家、无棣县 1 家、邹平县 2 家、博兴县 2 家；潍坊市共有 6 家，其中，寒亭区 2 家、寿光市 3 家、昌邑市 1 家；另外，还有烟台莱州市 2 家、德州乐陵市 1 家。

在上市时间上，1996 年，鲁北化工、恒天海龙 2 家公司上市；2000 年到 2009 年，有 2000 年上市的华泰股份、晨鸣纸业，2001 年上市的亚星化学、华纺股份，2004 年上市的渤海活塞[2]、科达股份，2005 年上市的登海种业，共 7 家公司上市；2010 年到现在，有 2010 年的北讯集团[3]、滨化

1 本章主要报告在境内沪、深证券交易所上市的上市公司情况，魏桥纺织 (02698.HK)、中国宏桥 (01378.HK) 等在境外上市的公司不在报告范围内。

2 渤海活塞原为山东滨州渤海活塞股份有限公司，2015 年 5 月北京海纳川汽车部件股份有限公司正式成为该公司控股股东，2017 年 10 月 31 日公告变更公司名称为“渤海汽车系统股份有限公司”，2018 年 6 月 1 日又公告将证券简称“渤海活塞”更改为“渤海汽车”。考虑到本章报告内容以 2017 年 12 月 31 日为报告日，因此本章依然使用当时使用的证券简称“渤海活塞”。

3 北讯集团前身为齐星铁塔，2014 年 12 月龙跃实业集团有限公司通过受让股权成为齐星铁塔实际控制人，后通过重大资产收购完成主营业务转变，于 2017 年 8 月 28 日公告变更公司名称为“北讯集团股份有限公司”，变更证券简称为“北讯集团”，但注册地址不变，仍为“山东省滨州市邹平县会仙二路”。2018 年 3 月 3 日北讯集团发布公告将注册地址变更为“深圳市南山区南头街道深南大道 10128 号南山软件园东塔楼 805 室”。考虑到本章报告内容以 2017 年 12 月 31 日为报告日，因此本章依然将北讯集团作为黄河三角洲区域上市公司进行报告。

股份、宏创控股[1]、宝莫股份、山东墨龙（*ST 墨龙），2011 年的西王食品[2]，2012 年的国瓷材料、同大股份，2014 年的康跃科技，2015 年的石大胜华，2017 年的金麒麟、先达股份、弘宇股份，共 13 家公司上市。

表 4-3　黄河三角洲区域各上市公司上市时间与注册地

上市公司全称	证券简称与代码	上市时间	注册地
山东华泰纸业股份有限公司	华泰股份（600308）	20000928	东营市广饶县大王镇
科达集团股份有限公司	科达股份（600986）	20040426	东营市广饶县大王经济技术开发区
山东宝莫生物化工股份有限公司	宝莫股份（002476）	20100915	东营市东营区西四路 892 号
山东国瓷功能材料股份有限公司	国瓷材料（300285）	20120113	东营市东营区辽河路 24 号
山东石大胜华化工集团股份有限公司	石大胜华（603026）	20150529	东营市垦利区同兴路 198 号
山东鲁北化工股份有限公司	鲁北化工（600727）	19960702	滨州市无棣县埕口镇
西王食品股份有限公司	西王食品（000639）	20110223	滨州市邹平县西王工业园
北讯集团股份有限公司	北讯集团（002359）	20100210	滨州市邹平县开发区会仙二路
华纺股份有限公司	华纺股份（600448）	20010903	滨州市黄河二路 819 号
渤海汽车系统股份有限公司	渤海活塞（600960）	20040407	滨州市渤海二十一路 569 号
滨化集团股份有限公司	滨化股份（601678）	20100223	滨州市黄河五路 869 号

1　宏创控股前身为鲁丰环保，2017 年 4 月山东宏桥新型材料有限公司收购鲁丰环保科技股份有限公司 28.18% 的股份，成为鲁丰环保第一大股东，6 月 1 日，“鲁丰环保”更名为“宏创控股”。

2　西王食品前身为金德发展，即湖南金德发展股份有限公司。2010 年年底，西王集团有限公司成为金德发展控股股东，2011 年 1 月 31 日公司名称由“湖南金德发展股份有限公司”变更为“西王食品股份有限公司”，2011 年 2 月 23 日金德发展正式更名为“西王食品”。西王食品真正更名上市 A 股的时间是 2011 年 2 月 23 日，但证券代码 000639 是 1996 年 11 月 26 日在深交所上市使用。本章以西王食品更名上市的时间为准。

续表

上市公司全称	证券简称与代码	上市时间	注册地
山东宏创铝业控股股份有限公司	宏创控股（002379）	20100331	滨州市博兴县滨博大街 1568 号
山东先达农化股份有限公司	先达股份（603086）	20170511	滨州市博兴县经济开发区
恒天海龙股份有限公司	恒天海龙（000677）	19961226	潍坊市寒亭区海龙路 555 号
潍坊亚星化学股份有限公司	亚星化学（600319）	20010326	潍坊市寒亭区民主街 529 号
山东晨鸣纸业集团股份有限公司	晨鸣纸业（000488）	20001120	潍坊市寿光市圣城街 595 号
山东墨龙石油机械股份有限公司	山东墨龙（002490）	20101021	潍坊市寿光市文圣街 999 号
康跃科技股份有限公司	康跃科技（300391）	20140801	潍坊市寿光市开发区（原北洛镇政府驻地）
山东同大海岛新材料股份有限公司	同大股份（300321）	20120523	潍坊市昌邑市同大街 522 号
山东登海种业股份有限公司	登海种业（002041）	20050418	烟台市莱州市城山路农科院南邻
山东弘宇农机股份有限公司	弘宇股份（002890）	20170802	烟台市莱州市虎头崖经济技术工业园区弘宇路 3 号
山东金麒麟股份有限公司	金麒麟（603586）	20170406	德州市乐陵市阜乐路 999 号

从证券交易场所看，黄三角区域总共有 10 家公司在上海证券交易所上市；12 家公司在深圳证券交易所上市，其中，3 家在主板市场、3 家在创业板市场、6 家在中小板市场。从注册地看，东营市有在上海证券交易所上市公司 3 家、在深圳证券交易所上市公司 5 家；滨州市有在上海证券交易所上市公司 5 家、在深圳证券交易所上市公司 3 家；潍坊市（仅指寒亭区、寿光市、昌邑市）、乐陵市有在上海证券交易所上市公司各 1 家，潍坊市有在深圳证券交易所上市公司 5 家。另外，在 2000 年发行 A 股之前，潍坊寿光市山东晨鸣纸业集团股份有限公司 1997 年就在深圳证券交易所

主板发行了 B 股（晨鸣 B 200488），2015 年又在香港联合交易所发行 H 股（晨鸣纸业 01812），成为国内唯一以“A+B+H”形式上市的企业；寿光市山东墨龙石油机械股份有限公司也在 2010 年发行 A 股前，已于 2004 年在香港联交所创业板 H 股上市，并在 2007 年转主板上市，股票名称和代码为山东墨龙 HK568。

表 4-4　2017 年黄河三角洲区域上市公司股票上市交易场所分布

地区名称	上海证券交易所	深圳证券交易所			合计
		主板	创业板	中小板	
东营市	华泰股份、科达股份、石大胜华	--	宝莫股份	国瓷材料	5
滨州市	华纺股份、鲁北化工、渤海活塞、滨化股份、先达股份	西王食品	--	北讯集团、宏创控股	8
潍坊市寒亭区、寿光市、昌邑市	亚星化学	晨鸣纸业、恒天海龙	康跃科技、同大股份	山东墨龙	6
烟台市莱州市	--	--	--	登海种业、弘宇股份	2
德州市乐陵市、庆云县	金麒麟	--	--	--	1
淄博市高青县	--	--	--	--	0
合计	10	3	3	6	22

中国证券监督管理委员会《上市公司行业分类指引（2012 年修订）》[1] 将上市公司所属行业分成了 A 到 S 十九个大类[2]，目前黄河三角洲区域 22 家上市公司所属行业属于其中的三大类，即除登海种业为农业（A01）、北讯集团为电信、广播电视和卫星传输服务（I63）、科达股份为互联网和相关服务（I64）外，其余 19 家公司都为制造业（C）企业。在制造业企业中，化学原料及化学制品（C26）企业最多，高达 7 家，占总数的 31.82%；其

1　中国证券监督管理委员会《上市公司行业分类指引（2012 年修订）》，http://www.csrc.gov.cn/pub/newsite/flb/flfg/bmgf/zh/gfxwjtj/201310/t20131016_236281.html。

2　中国证券监督管理委员会《上市公司行业分类指引（2012 年修订）》的 19 大行业分类为：A 农、林、牧、渔业，B 采矿业，C 制造业，D 电力、热力、燃气及水生产和供应业，E 建筑业，F 批发和零售业，G 交通运输、仓储和邮政业，H 住宿和餐饮业，I 信息传输、软件和信息技术服务业，J 金融业，K 房地产业，L 租赁和商务服务业，M 科学研究和技术服务业，N 水利、环境和公共设施管理业，P 教育，Q 卫生和社会工作，R 文化、体育和娱乐业，S 综合。

次为造纸及纸制品业（C22）、专用设备制造业（C35）、汽车制造业（C36）企业，各有 2 家，分别占总数的 9.09%；再次为农副食品加工业（C13）、纺织业（C17）、化学纤维制造业（C28）、橡胶和塑料制品业（C29）、有色金属冶炼及压延加工业（C32）、电气机械及器材制造业（C38）企业，各有 1 家上市公司，分别占总数的 4.55%。

表 4-5　黄河三角洲区域上市公司所属行业的行业名称与行业代码

证券代码	公司简称	行业代码	行业名称
000488	晨鸣纸业	C22	造纸及纸制品业
000639	西王食品	C13	农副食品加工业
000677	恒天海龙	C28	化学纤维制造业
002041	登海种业	A01	农业
002359	北讯集团	I63	电信、广播电视和卫星传输服务
002379	宏创控股	C32	有色金属冶炼及压延加工业
002476	宝莫股份	C26	化学原料及化学制品制造业
002490	山东墨龙	C35	专用设备制造业
002890	弘宇股份	C35	专用设备制造业
300285	国瓷材料	C26	化学原料及化学制品制造业
300321	同大股份	C29	橡胶和塑料制品业
300391	康跃科技	C38	电气机械及器材制造业
600308	华泰股份	C22	造纸及纸制品业
600319	亚星化学	C26	化学原料及化学制品制造业
600448	华纺股份	C17	纺织业
600727	鲁北化工	C26	化学原料及化学制品制造业
600960	渤海活塞	C36	汽车制造业
600986	科达股份	I64	互联网和相关服务
601678	滨化集团	C26	化学原料及化学制品制造业
603026	石大胜华	C26	化学原料及化学制品制造业
603086	先达股份	C26	化学原料及化学制品制造业
603586	金麒麟	C36	汽车制造业

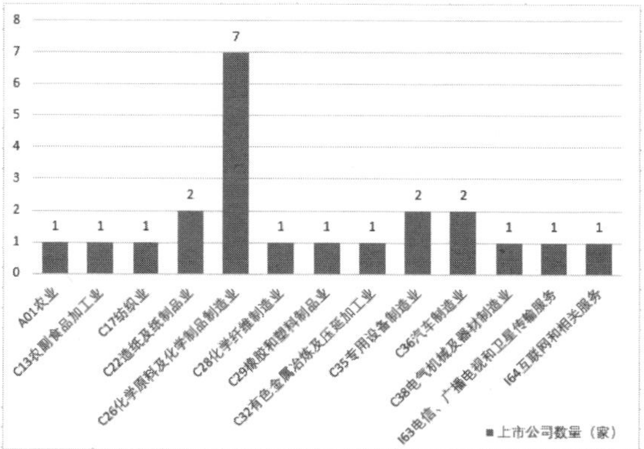

图 4-1　2017 年黄河三角洲区域各行业上市公司数量统计

在上市公司的控股股东、实际控制人方面，截至 2017 年 12 月 31 日，渤海活塞、华纺股份、鲁北化工、石大胜华、晨鸣纸业的控股股东和实际控制人都为境内国有法人；先达股份、宝莫股份、山东墨龙、弘宇股份、滨化集团的控股股东和实际控制人都为境内自然人；宏创控股、北讯集团、西王食品、金麒麟、科达股份、华泰股份、同大股份、恒天海龙、亚星化学、康跃科技、登海种业的控股股东为境内非国有法人，实际控制人为境内自然人；国瓷材料无控股主体，但实际控制人为境内自然人。具体情况如表 4–6 所示：

表 4–6　黄河三角洲区域上市公司控股股东与实际控制人

证券代码	公司简称	控股股东（性质）	实际控制人
002379	宏创控股	山东宏桥新型材料有限公司（境内非国有法人）	境内自然人
603086	先达股份	境内自然人（境内自然人）	境内自然人
600960	渤海活塞	北京海纳川汽车部件股份有限公司（国有法人）	北京市人民政府国有资产监督管理委员会
600448	华纺股份	滨州市人民政府国有资产监督管理委员会（国有法人）	滨州市人民政府国有资产监督管理委员会
601678	滨化集团	境内自然人（境内自然人）	境内自然人
600727	鲁北化工	山东鲁北企业集团总公司（国有法人）	无棣县国有资产管理局
002359	北讯集团	龙跃实业集团有限公司（境内非国有法人）	境内自然人
000639	西王食品	西王集团有限公司（境内非国有法人）	境内自然人

续表

603586	金麒麟	山东金麒麟投资管理有限公司（境内非国有法人）	境内自然人
300285	国瓷材料	无控股主体	境内自然人
002476	宝莫股份	境内自然人（境内自然人）	境内自然人
600986	科达股份	山东科达集团有限公司（境内非国有法人）	境内自然人
600308	华泰股份	华泰集团有限公司（境内非国有法人）	境内自然人
603026	石大胜华	青岛中石大控股有限公司（国有法人）	中国石油大学（华东）
300321	同大股份	山东同大集团有限公司（境内非国有法人）	境内自然人
000677	恒天海龙	兴乐集团有限公司（境内非国有法人）	境内自然人
600319	亚星化学	山东成泰控股有限公司（境内非国有法人）	境内自然人
300391	康跃科技	寿光市康跃投资有限公司（境内非国有法人）	境内自然人
000488	晨鸣纸业	寿光晨鸣控股有限公司（国有法人）	寿光市国有资产监督管理办公室
002490	山东墨龙	境内自然人（境内自然人）	境内自然人
002041	登海种业	莱州市农业科学院（境内非国有法人）	境内自然人
002890	弘宇股份	境内自然人（境内自然人）	境内自然人

第三节 黄三角区域上市公司经营情况分析

一、资产和市值规模

黄河三角洲区域22家上市公司总资产规模为1995.41亿元，占山东省上市公司总资产的8.66%，占全国上市公司总资产的0.09%；其中，所有者权益834.55亿元，占山东省上市公司所有者权益的8.34%，占全国上市公司所有者权益的 0.23%；固定资产规模为 549.58 亿元，占山东省上市公司固定资产的 8.81%，占全国上市公司固定资产的 0.41%；固定资产占总资产的比重为 27.54%，所有者权益比率为 41.85%。在 22 家上市公司中，总资产规模前三位是晨鸣纸业（1056.25 亿元）、华泰股份（142.72 亿元）、北讯集团（126.72 亿元）；所有者权益最多的是晨鸣纸业（302.74 亿元）、华泰股份（73.61 亿元）、科达股份（61.61 亿元）；固定资产规模最大的是晨鸣纸业（282.28 亿元）、华泰股份（73.31 亿元）、滨化集团（34.61 亿元）。总资产规模后三位是弘宇股份（6.04 亿元）、同大股份（7.22 亿元）、恒天海龙（8.45 亿元）；所有者权益最少的是亚星化学（0.33 亿元）、宏宇股份（5.05 亿元）、同大股份（5.93 亿元）；固定资产余额后三位是科达股份（0.6 亿元）、宏宇股份（1.47 亿元）、宏创控股（1.59 亿元）。在固定资产占总资产的比重上，华泰股份（51.37%）、亚星化学（49.74%）、鲁北化工（48.03%）、山东墨龙（46.47%）、恒天海龙（46.11%）占比相对较高，科达股份（0.57%）、西王食品（9.35%）、宏创控股（11.83%）、先达股份（13.01%）、登海种业（14.01%）、康跃科技（16.95%）占比都在 20% 以下。其他上市公司的资产、所有者权益、固定资产、固定资产占总资产比重相关情况参见表 4–7。由表 4–7 可见，黄河三角洲区域 22 家上市公司总资产、固定资产、所有者权益规模、固定资产占总资产比重两极分化现象比较严重。

表 4–7　2017 年黄三角区域上市公司总资产、固定资产、所有者权益

公司简称	总资产（亿元）	固定资产余额（亿元）	固定资产占总资产比重（%）	所有者权益（亿元）
晨鸣纸业	1056.25	282.28	26.72	302.74
华泰股份	142.72	73.31	51.37	73.61
北讯集团	126.05	30.88	24.50	60.88
科达股份	106.50	0.60	0.57	61.61
滨化集团	79.14	34.61	43.73	57.85
西王食品	77.07	7.21	9.35	27.70

续表

渤海活塞	67.81	16.12	23.77	47.10
山东墨龙	62.23	28.92	46.47	19.31
登海种业	44.46	6.23	14.01	37.59
华纺股份	34.50	9.96	28.87	14.49
国瓷材料	32.89	6.96	21.17	21.52
金麒麟	28.16	6.89	24.46	21.17
石大胜华	26.40	11.86	44.92	16.68
康跃科技	19.69	3.34	16.95	9.34
亚星化学	15.21	7.56	49.74	0.33
鲁北化工	14.71	7.07	48.03	11.61
先达股份	13.74	1.79	13.01	11.18
宏创控股	13.43	1.59	11.83	12.47
宝莫股份	12.76	4.58	35.87	9.88
恒天海龙	8.45	3.90	46.11	6.51
同大股份	7.22	2.47	34.26	5.93
弘宇股份	6.04	1.47	24.27	5.05
黄三角区域[1]	1995.41	549.58	27.54	834.55
山东省[2]	23048.61	6239.64	27.07	10003.25
全国[3]	2210968.37	132691.19	6.00	356322.75

基于均值横向对比全省、全国水平，黄河三角洲区域22家上市公司平均总资产为90.70亿，低于山东全省的118.81亿元，远远低于全国的

1　表中“黄三角区域”指的是黄河三角洲高效生态经济区22家上市公司总体水平。本章后文表中“黄三角区域”意思与此相同。
2　表中“山东省”指的是山东省194家境内A股（包括深市中小板和创业板）上市公司的总体水平，本章后文表中“山东省”意思与此相同。
3　表中“全国”指的是以2017年全国3495家境内A股上市公司代表全国水平，包括2018年退市的退市昆机（600806）、退市吉恩（600432）和处于退市整理期的烯碳退（000511），也包括2017年停牌5个月的江南嘉捷（601313）。另外，截至2018年9月28日，上海证券交易所上市公司数量1445家，其中，A股1438家，B股51家；深圳证券交易所上市公司数量2161家，其中，主板A股464家，主板B股48家，中小板917家，创业板732家。2018年9月28日，中国大陆境内A股上市公司（包括深市中小板和创业板）共3551家。

632.61 亿元；平均固定资产净额为 24.98 亿元，低于山东的 31.16 亿元和全国的 37.97 亿元，但固定资产占总资产的比重高于山东省的 27.07% 和全国的 6.00%，达到 27.54%。与全省、全国平均水平相比，黄河三角洲区域上市公司资产规模较小，固定资产占有比重较高。

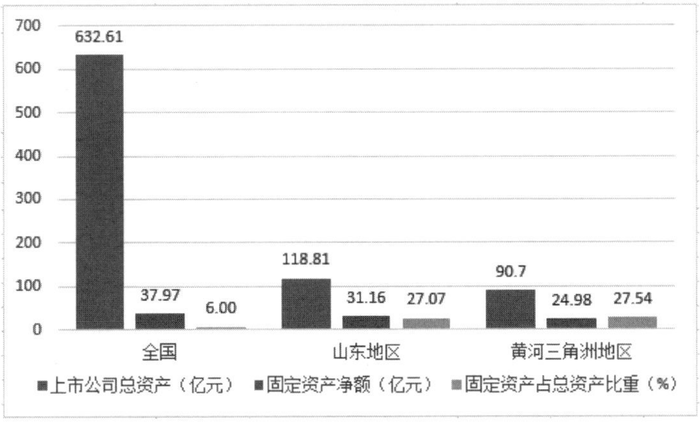

图 4–2　2017 年黄三角区域上市公司资产均值与全国、山东省对比情况

在市值规模上，黄河三角洲区域上市公司 2017 年全年个股交易股数为 292.62 亿股，个股流通市值 1156.70 亿元，总市值 1528.51 亿元。其中，北讯集团、晨鸣纸业、国瓷材料的总市值规模最大，分别为 245.16 亿元、185.58 亿元、119.66 亿元；同大股份、弘宇股份、康跃科技的市值规模最小，分别是 20.54 亿元、22.71 亿元、26.02 亿元。年个股总市值最多的公司是最小公司的 11 倍以上。年个股流通市值排名前三的是晨鸣纸业 184.30 亿元、北讯集团 159.63 亿元、登海种业 112.29 亿元，排名后三位的是宏宇股份 5.68 亿元、先达股份 7.68 亿元、康跃科技 8.10 亿元。年个股流通市值最多的是最少的 32 倍以上。年个股交易股数最多的分别是滨化集团 48.86 亿股、华泰股份 36.95 亿股、山东墨龙 27.76 亿股，最少的是北讯集团 0.04 亿股、晨鸣纸业 0.22 亿股、弘宇股份 2.44 亿股。其他公司交易股数和总市值如表 4–8 所示。

表 4-8　2017 年黄河三角洲区域上市公司交易股数和总市值

公司简称	年个股交易股数（亿股）	年个股流通市值（亿元）	年个股总市值(亿元)
北讯集团	0.04	159.63	245.16
晨鸣纸业	0.22	184.30	185.58
国瓷材料	5.24	82.14	119.66
登海种业	13.11	112.29	113.08
科达股份	11.58	54.09	104.72
滨化集团	48.86	96.47	96.47
西王食品	7.72	71.56	86.36
华泰股份	36.95	73.32	73.32
渤海活塞	10.41	38.67	70.05
金麒麟	4.89	12.86	51.30
石大胜华	11.81	34.92	50.41
宏创控股	25.54	32.01	49.75
宝莫股份	22.24	32.51	34.39
恒天海龙	15.58	34.39	34.39
亚星化学	12.57	32.00	32.00
先达股份	2.95	7.68	30.72
华纺股份	11.26	23.36	29.02
山东墨龙	27.76	15.32	26.60
鲁北化工	15.03	26.25	26.25
康跃科技	3.84	8.10	26.02
弘宇股份	2.44	5.68	22.71
同大股份	2.59	19.14	20.54
黄三角区域	292.62	1156.70	1528.51
山东省	4183.69	15760.33	20804.48
全国[1]	83595.79	446220.35	565190.31

1　2017 年有些公司因停牌等原因长时间没有交易，所以此处以 3465 家 A 股上市公司代表全国水平。

相比而言，全国上市公司 2017 年年个股交易股数、年个股流通市值、年个股总市值分别是 83595.79 亿股、446220.35 亿元、565190.31 亿元，山东省上市公司年个股交易股数、年个股流通市值、年个股总市值分别是 4183.69 亿股、15760.33 亿元、20804.48 亿元。黄河三角洲区域上市公司年个股总市值占全国总市值的 0.27%，占山东省总市值的 7.35%。从均值上看，黄河三角洲区域 22 家上市公司年均个股交易股数、年均个股流通市值、年均个股总市值分别为 13.30 亿股、52.58 亿元、69.48 亿元；相对应的是，山东省全省平均水平分别是 21.57 亿股、81.24 亿元、107.24 亿元，全国平均水平分别是 24.13 亿股、128.78 亿元、163.11 亿元。不管是年个股交易股数均值、年个股流通市值均值，还是总市值的均值，黄河三角洲区域都远低于全省和全国水平，甚至只是全国水平的一半左右。

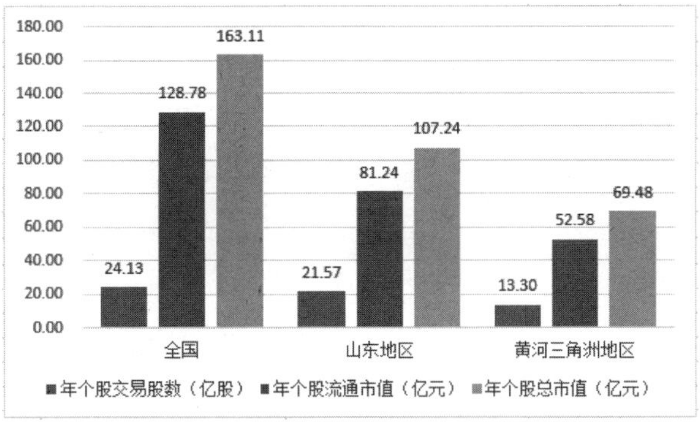

图 4-3　2017 年黄三角区域上市公司交易股数、市值均值与全国、山东省对比

二、盈利能力

2017 年，黄河三角洲区域上市公司总资产报酬率为 6.55%、净资产收益率为 13.84%，综合收益总额为 81.61 亿元，占全省的 8.17%，占全国的 0.24%。22 家上市公司综合收益总额的均值为 3.71 亿元，全省和全国的水平分别是 5.15 亿元、9.77 亿元。均值对比，黄河三角洲区域只是全省的 72.04% 和全国的 37.97%。因此，虽总资产报酬率特别是净资产收益率高

于全省、全国水平，但受资产规模等因素的影响，本地区22家上市公司综合收益总额的均值较低。

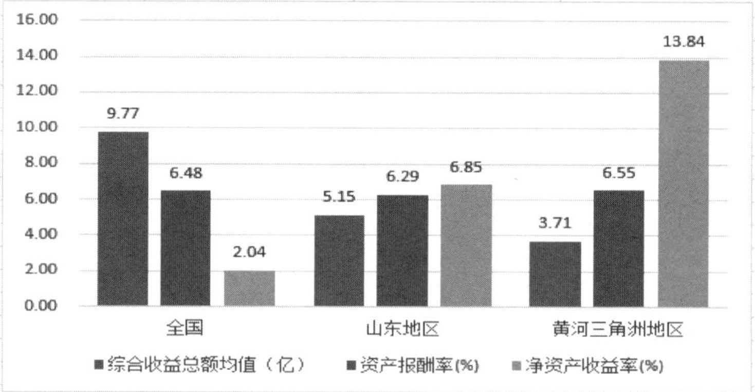

图4-4　2017年黄河三角洲区域上市公司盈利能力与全国、山东省对比

具体地看，在黄河三角洲22家上市公司中，晨鸣纸业的综合收益总额超过40亿元，滨化集团、华泰股份、科达股份在4亿到10亿之间，国瓷材料、西王食品、渤海活塞、北讯集团、石大胜华、金麒麟、登海种业、先达股份在1亿到3亿元之间，其他公司未能达到亿元，收益最少的华纺股份、恒天海龙、宝莫股份各自只有700万元、800万元和1300万元。

在总资产报酬率上，滨化股份、先达股份、国瓷材料、石大胜华、西王食品是报酬率高于10%的公司，金麒麟、弘宇股份、华泰股份、晨鸣纸业、北讯集团、科达股份、康跃科技是报酬率在5%到10%之间的公司，其他公司的报酬率在5%以下。报酬率最低的宝莫股份、华纺股份、恒天海龙的报酬率分别是0.48%、1.74%、1.79%。

净资产收益率整体情况与总资产报酬率一致。但亚星化学因其资产负债率达97.85%，权益乘数为4561.89%，所以净资产收益率高达133.17%，居22家上市公司之首。西王食品、滨化股份、晨鸣纸业、国瓷材料、先达股份、石大胜华、金麒麟、康跃科技、弘宇股份都高于10%，华泰股份、科达股份、鲁北化工、北讯集团、登海种业、渤海活塞在10%到5%之间，其他公司则不到5%，甚至低于1%。

表 4-9　2017 年黄河三角洲区域上市公司盈利能力

公司简称	综合收益总额(亿元)	总资产报酬率（ROAEBIT，%）	净资产收益率（%）
晨鸣纸业	42.10	7.23	15.08
滨化集团	8.56	15.69	15.45
华泰股份	6.83	7.75	9.86
科达股份	4.86	6.06	9.01
国瓷材料	2.59	11.28	13.63
西王食品	2.52	10.04	15.85
渤海活塞	2.33	4.69	5.42
北讯集团	2.21	6.59	6.23
石大胜华	2.06	11.03	12.08
金麒麟	1.74	9.81	11.20
登海种业	1.36	2.93	6.07
先达股份	1.10	12.59	12.10
鲁北化工	0.78	4.97	6.98
康跃科技	0.60	6.04	10.75
弘宇股份	0.40	9.44	10.07
宏创控股	0.39	2.95	3.21
山东墨龙	0.37	2.55	2.06
亚星化学	0.27	4.59	133.17
同大股份	0.24	3.89	4.19
宝莫股份	0.13	0.48	0.84
恒天海龙	0.08	1.79	0.71
华纺股份	0.07	1.74	0.60
黄三角区域	81.61	6.55	13.84
山东省	999.03	6.29	6.85
全国[1]	34141.94	6.48	2.04

三、发展成长能力

相比 2016 年，黄河三角洲区域上市公司 2017 年净利润、净资产、

1　表中以全国 3495 家 A 股上市公司代表全国水平。

总资产的增长率分别为219.87%、70.23%和47.73%，高于全省7.44%、29.02%和29.07%的增长率，也高于全国35.82%、28.92%、24.31%的增长率，展现出强劲的发展成长能力。

在净利润增长率方面，康跃科技2017年净利润增长率高达2841.83%[1]，北讯集团高达548.13%[2]，华泰股份、西王食品、亚星化学、宏创控股、鲁北化工、滨化集团、宝莫股份、山东墨龙都高于100%，其他大部分公司在6%到100%之间，但登海种业、恒海海龙、华纺股份、同大股份、金麒麟的增长率为负数，分别为–73.89%、–52.46%、–33.27%、–26.12%、–16.08%。

在净资产增长率上，北讯集团、亚星化学、康跃科技、金麒麟的增长率超过100%，弘宇股份、华纺股份、先达股份、科达股份、晨鸣纸业、滨化集团、国瓷材料增长率在80%到10%之间，但宝莫股份、恒天海龙增长率不到1%，分别为0.04%和0.71%。

总资产增长率方面，北讯集团增长率高达597.05%，康跃科技高达163.19%，金麒麟、先达股份、弘宇股份、国瓷材料、科达股份、晨鸣纸业、华纺股份、石大胜华、滨化集团增长率都是两位数，而宝莫股份、亚星化学、宏创控股、西王食品、华泰股份、鲁北化工、登海种业呈现了负增长现象。

表4–10　2017年黄河三角洲区域上市公司发展成长能力

公司简称	净利润增长率(%)	净资产增长率(%)	总资产增长率(%)
北讯集团	548.13	581.60	597.05
康跃科技	2841.83	158.32	163.19
金麒麟	–16.08	113.69	56.95
先达股份	12.09	59.43	52.43
弘宇股份	6.17	73.36	48.59
国瓷材料	79.34	12.73	47.28
科达股份	19.50	43.14	30.45

1　康跃科技2017年合并河北羿珩科技有限责任公司报表是净利润大幅增长的原因之一。
2　2017年北讯集团营业总收入、营业利润、利润总额、归属上市公司股东的净利润、基本每股收益和加权平均净资产收益率大幅上涨，主要是公司于2017年5月通过非公开发行完成收购北讯电信股份有限公司，进入通信领域，将盈利能力较强的北讯电信6–12月的经营业绩纳入合并报表所致。

续表

公司简称	净利润增长率 (%)	净资产增长率 (%)	总资产增长率 (%)
晨鸣纸业	92.06	25.02	28.36
华纺股份	–33.27	71.01	26.69
石大胜华	9.52	3.75	19.93
滨化集团	128.64	14.64	10.21
山东墨龙	105.39	2.78	7.81
同大股份	–26.12	2.70	6.48
渤海活塞	63.52	5.00	1.28
恒天海龙	–52.46	0.71	0.04
登海种业	–73.89	4.37	–0.48
鲁北化工	160.12	7.02	–1.61
华泰股份	279.61	9.69	–4.17
西王食品	207.68	9.03	–7.55
宏创控股	178.66	3.27	–9.79
亚星化学	199.53	343.88	–11.06
宝莫股份	107.19	0.04	–12.01
黄三角区域均值	219.87	70.23	47.73
山东省均值	7.44	29.02	29.07
全国[1]均值	35.82	28.92	24.31

四、运营能力

总资产周转率、固定资产周转率、流动资产周转率、存货周转率、应收账款周转率、应付账款周转率都是体现企业运营能力的代表性指标。一般而言，总资产周转率、固定资产周转率、流动资产周转率、存货周转率、应收账款周转率越高，说明企业的资产利用效率越高，存货变现能力越强，收账速度和资产流动速度越快，盈利和偿债能力也越强；应付账款周转率越低，则市场地位越高，应对供货商的谈判和使用供应商货款的能力越强，

1 2017 年全国 3495 家 A 股上市公司中，因为江南嘉捷（601313）当年停牌 5 个月，2018 年退市昆机（600806）、退市吉恩 (600432) 已经退市，烯碳退（000511）处于退市整理期，所以只取此 4 家公司之外的 3491 家上市公司数据代表全国水平。后文表中“全国”所包含的上市公司与此处相同，即为 3491 家。

当然，承担的还款压力也越大。

总资产周转率指标。2017年，山东省194家A股上市公司总资产周转率的均值为0.71次，全国上市公司总资产周转率均值为0.64次。对比省内和全国情况，黄河三角洲区域上市公司总资产周转率0.70次的均值，略低于全省水平，稍高于全国水平。这说明黄河三角洲区域上市公司具有优于全国水平的运营能力。具体地看，石大胜华、亚星化学、宏创控股、科达股份的总资产周转率在1.00次以上；先达股份、华泰股份、华纺股份、滨化集团、西王食品、恒泰海龙、金麒麟、同大股份、弘宇股份的总资产周转率在1.00次到0.50次之间，山东墨龙、国瓷材料、鲁北化工等其他公司的总资产周转率在0.50次以下，总资产周转率最低的是登海种业，为0.18次。

固定资产周转率指标。黄河三角洲区域22家上市公司2017年固定资产周转率均值为9.65次，山东省上市公司为17.23次，全国上市公司为18.10次。黄河三角洲区域上市公司固定资产利用水平相对较低。单个企业来说，科达股份、宏创控股、西王食品、先达股份周转率较高，科达股份高达157.23次；鲁北化工、宝莫股份相对较低，两家公司数值都不到1次。

流动资产周转率指标。黄河三角洲区域22家上市公司2017年流动资产周转率均值为1.63次，山东省上市公司为1.56次，全国上市公司为1.24次。黄河三角洲区域上市公司流动资产利用水平相对较高。单个企业来说，石大胜华、滨化集团、西王食品、亚星化学、华泰股份流动资产周转率较高，石大胜华高达4.81次，登海种业相对较低，流动资产周转率只有0.22次。

存货周转率指标。2017年黄河三角洲区域上市公司存货周转率均值为6.61次，山东省上市公司为112.56次，全国上市公司为102.48次。黄河三角洲区域上市公司存货变现能力远低于全省、全国平均水平。具体地看，滨化集团、宏创控股、亚星化学、石大胜华、华泰股份的存货周转率较高，周转率相对最低的是登海种业，只有0.59次。

应收账款周转率。黄河三角洲区域应收账款周转率和全省全国水平差异较大。2017年黄河三角洲区域上市公司应收账款周转率均值为12.84次，山东省上市公司则高达 128774.20 次，全国上市公司也是 7321.26 次。黄河三角洲区域上市公司收账速度、收账能力远低于全省、全国平均水平。单个上市公司来说，滨化集团、鲁北化工、亚星化学、石大胜华、登海种业的应收账款周转率较高，宝莫股份、国瓷材料、北讯集团则相对较低，分别只有 1.86、2.65 和 2.76 次。

应付账款周转率。黄河三角洲区域上市公司 2017 年的应付账款周转率均值为 9.22 次，山东省上市公司为 7.77 次，全国上市公司为 10.67 次。黄河三角洲区域上市公司均值水平居于全省和全国之间，使用供应商货款的能力高于全国平均水平，但承担的还款压力也大。在黄河三角洲区域 22 家上市公司中，宝莫股份、山东墨龙、鲁北化工、弘宇股份、登海种业应付账款周转率较低，宏创控股、石大胜华、滨化集团、恒天海龙等公司的应付账款周转率较高。

黄河三角洲区域 22 家上市公司的总资产周转率、固定资产周转率、流动资产周转率、存货周转率、应收账款周转率、应付账款周转率指标的具体情况，参见表 4–11。

表 4–11　2017 年黄河三角洲区域上市公司的运营能力

公司简称	总资产周转率（次）	存货周转率（次）	应收账款周转率（次）	应付账款周转率（次）	流动资产周转率（次）	固定资产周转率（次）
石大胜华	1.97	12.89	22.50	16.73	4.81	3.87
亚星化学	1.21	13.47	31.86	4.89	2.85	2.50
宏创控股	1.02	17.15	6.04	64.54	1.67	8.50
科达股份	1.01	6.09	3.92	4.30	1.67	157.23
先达股份	0.98	2.78	6.20	9.71	1.25	5.94
华泰股份	0.94	11.22	11.80	7.55	2.46	1.79
华纺股份	0.92	3.86	13.55	7.39	1.67	3.12
滨化集团	0.86	19.36	58.77	12.09	3.78	1.78
西王食品	0.70	4.53	11.85	9.63	3.05	8.02
恒天海龙	0.66	7.80	4.84	12.08	1.81	1.37
金麒麟	0.65	4.27	5.49	6.39	1.07	2.22

续表

公司简称	总资产周转率（次）	存货周转率（次）	应收账款周转率（次）	应付账款周转率（次）	流动资产周转率（次）	固定资产周转率（次）
同大股份	0.62	4.10	13.77	5.97	1.31	1.68
弘宇股份	0.56	2.11	4.01	3.53	0.90	1.86
康跃科技	0.55	3.59	3.47	5.38	1.14	2.44
山东墨龙	0.49	3.23	8.68	3.14	1.24	1.00
国瓷材料	0.44	3.11	2.65	5.77	0.87	2.05
鲁北化工	0.41	5.23	37.11	3.24	0.92	0.84
渤海活塞	0.37	4.17	4.26	4.41	0.68	1.60
晨鸣纸业	0.32	3.62	7.81	5.10	0.70	1.05
宝莫股份	0.30	6.42	1.86	3.04	0.62	0.96
北讯集团	0.29	5.75	2.76	4.10	1.15	1.19
登海种业	0.18	0.59	19.18	3.85	0.22	1.38
黄三角区域均值	0.70	6.61	12.84	9.22	1.63	9.65
山东省均值	0.71	112.56	128774.20[1]	7.77	1.56	17.23
全国均值	0.64	102.48	7321.26	10.67	1.24	18.10

五、偿债能力

反映债务大小的指标中，亚星化学、晨鸣纸业、山东墨龙、西王食品、华纺股份是资产负债率、产权比率、权益乘数最高的上市公司，特别是亚星化学，其资产负债率、权益乘数、产权比率分别高达97.85%、46.62%和4561.89%，负债比率极高，债务风险较大。而宏创控股、登海种业、弘宇股份、同大股份、先达股份的资产负债率、产权比率、权益乘数都相对较低，资产负债率不到20%。

1　山东省上市公司应收账款周转率均值过高，主要是因为个别企业数值过高造成的。比如泰山石油(000554)应收账款周转率为24717672.85次、恒邦股份(002237)应收账款周转率为1507.33次。去掉这两家企业再计算的话，全省应收账款周转率就降为28.77次，但依然高于黄河三角洲区域上市公司平均水平。

流动比率是反映偿债能力、抗风险能力的指标。它的数值越高，表示上市公司的资产变现能力越强，短期偿债能力、抗债务风险能力也越强。一般而言，流动比率在 2 ： 1 以上较为合适。观察这一指标，宏创控股、登海种业、先达股份、弘宇股份、金麒麟、宝莫股份、同大股份、渤海活塞、鲁北化工的数值都高于 2，宏创控股、登海种业甚至达到 7.91 和 5.63，其他公司数值低于 2 高于 1，但亚星化学、北讯集团、山东墨龙、西王食品、晨鸣纸业、康跃科技的流动比率都在 1 以下。

黄河三角洲区域上市公司平均资产负债率为 38.67%，略低于全省上市公司的 40.22% 和全国上市公司的 41.95% 的水平，平均权益乘数 3.79%，高于全省上市公司的 2.25% 和全国上市公司的 2.83% 的水平；平均产权比率 284.97%，高于全省上市公司的 134.57% 和全国上市公司的 158.37% 的比率；平均流动比率 2.35%，比全省上市公司的 2.40%、全国上市公司的 2.57% 的比率要低。因而，总体判断，黄河三角洲区域上市公司的债务风险大于全省上市公司、全国上市公司水平，偿债能力、抗债务风险能力低于全省上市公司、全国上市公司水平。

表 4-12　2017 年黄河三角洲区域上市公司的偿债能力

公司简称	资产负债率 (%)	权益乘数 (%)	产权比率 (%)	流动比率 (%)
亚星化学	97.85	46.62	4561.89	0.43
晨鸣纸业	71.34	3.49	271.26	0.86
山东墨龙	68.96	3.22	229.54	0.74
西王食品	64.06	2.78	218.52	0.80
华纺股份	58.01	2.38	138.17	1.09
康跃科技	52.57	2.11	110.70	0.93
北讯集团	51.70	2.07	107.03	0.58
华泰股份	48.42	1.94	96.72	1.06
科达股份	42.15	1.73	74.27	1.48
石大胜华	36.80	1.58	61.82	1.32
国瓷材料	34.57	1.53	59.74	1.64

续表

公司简称	资产负债率 (%)	权益乘数 (%)	产权比率 (%)	流动比率 (%)
渤海活塞	30.55	1.44	46.00	2.17
滨化集团	26.91	1.37	37.28	1.53
金麒麟	24.80	1.33	33.02	3.81
恒天海龙	22.95	1.30	71.16	1.84
宝莫股份	22.52	1.29	29.07	3.32
鲁北化工	21.05	1.27	26.66	2.14
先达股份	18.62	1.23	22.88	4.85
同大股份	17.84	1.22	21.71	3.19
弘宇股份	16.44	1.20	19.67	4.44
登海种业	15.44	1.18	24.47	5.63
宏创控股	7.11	1.08	7.66	7.91
黄三角区域均值	38.67	3.79	284.97	2.35
山东省均值	40.22	2.25	134.57	2.40
全国均值	41.95	2.83	158.37	2.57

六、社会贡献能力

除了满足社会需求外，促进社会就业、向国家缴纳税费是企业对社会的主要贡献。截至 2017 年 12 月底，黄河三角洲区域 22 家公司总共安排人员就业 55837 人，占全省的 5.68%，占全国的 0.26%；支付给职工以及为职工支付现金 47.51 亿元，占全省的 3.80%，占全国的 0.14%；支付各项税费 46.44 亿元，占全省的 5.68%，占全国的 0.16%。其中，安排人员就业最多的是晨鸣纸业、华泰股份、华纺股份、渤海活塞、金麒麟、滨化集团 6 家公司；支付给职工以及为职工支付现金总量最多的是晨鸣纸业、华泰股份、渤海活塞、华纺股份、滨化集团、科达股份 6 家公司；支付各项税费最高的是晨鸣纸业、华泰股份、滨化集团、西王食品、科达股份 5 家公司。

表 4-13　2017 年黄河三角洲区域上市公司的社会贡献能力

公司简称	在职员工的数量合计（人）	支付给职工以及为职工支付的现金（亿元）	支付的各项税费（亿元）
晨鸣纸业	13579.00	10.22	16.31
华泰股份	7027.00	5.15	8.23
渤海活塞	3635.00	4.33	1.83
华纺股份	4650.00	3.17	0.22
滨化集团	3310.00	3.17	6.59
科达股份	2111.00	3.06	2.43
西王食品	2250.00	2.96	2.62
金麒麟	3544.00	2.71	0.65
山东墨龙	2680.00	1.42	0.35
石大胜华	1290.00	1.41	1.70
国瓷材料	1744.00	1.35	1.09
登海种业	1061.00	1.35	0.20
北讯集团	1550.00	1.31	1.37
亚星化学	1368.00	1.05	0.48
先达股份	894.00	0.89	0.34
康跃科技	1160.00	0.87	0.32
鲁北化工	843.00	0.86	0.32
恒天海龙	864.00	0.65	0.09
宝莫股份	530.00	0.53	0.60
同大股份	651.00	0.48	0.12
弘宇股份	578.00	0.33	0.29
宏创控股	518.00	0.24	0.25
黄三角区域总值	55837	47.51	46.44
山东省总值	983324	1249.38	818.25
全国总值	21642424	33515.47	29948.32

平均而言，2017 年黄河三角洲区域 22 家上市公司在职员工数量均值

为 2538.05 人，支付给职工以及为职工支付现金均值为 2.16 亿元，支付各项税费均值为 2.11 亿元，三者都分别低于全省 5068.68 人、6.44 亿元、4.22 亿元的均值水平，也低于全国 6199.49 人、9.59 亿元和 8.57 亿元的均值水平。

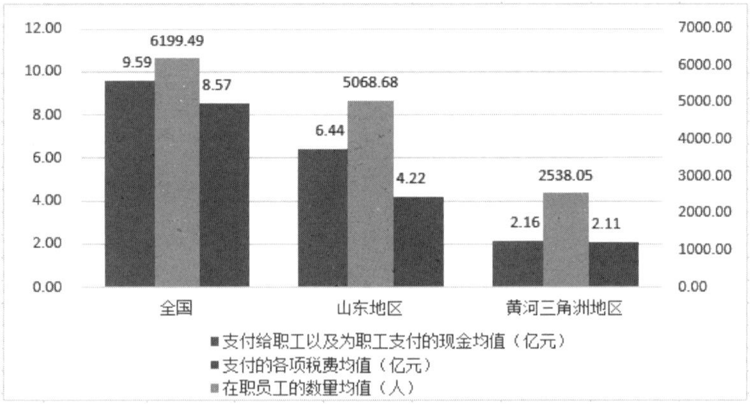

图 4-5　2017 年黄三角区域上市公司社会贡献能力与全国、山东省对比

回报股东也是上市公司的社会贡献。2017 年，晨鸣纸业、石大胜华、金麒麟、滨化集团、华泰股份、先达股份、西王食品 7 家公司每 10 股派息数在 1 元（含税）以上；晨鸣纸业每 10 股转增 5 股，先达股份、西王食品、科达股份每 10 股转增 4 股，滨化集团每 10 股转增 3 股；黄河三角洲区域 22 家上市公司现金分红总额为 20.98 亿元（含税），占山东省上市公司现金分红总额的 8.87%，占全国的 0.20%。

表 4-14　2017 年黄河三角洲区域上市公司现金分红情况

公司简称	每 10 股派息（现金红利）（元）（含税）	每 10 股转增股数	送红股	现金分红（亿元，含税）	占合并报表中归属上市公司普通股股东的净利润的比率（%）	占比比上年增减（%）
晨鸣纸业	6.00	5.00	0.00	11.62	30.82	–46.98
滨化集团	2.20	3.00	0.00	2.61	31.65	–4.41
华泰股份	1.74	0.00	0.00	2.03	30.16	0.03
石大胜华	6.00	0.00	0.00	1.22	65.23	–8.54

续表

金麒麟	4.00	0.00	0.00	0.86	49.62	9.22
西王食品	1.08	4.00	0.00	0.59	17.33	–47.39
渤海活塞	0.51	0.00	0.00	0.48	20.34	–2.96
科达股份	0.50	4.00	0.00	0.48	10.32	27.41
登海种业	0.52	0.00	0.00	0.46	27.45	146.41
国瓷材料	0.50	0.00	0.00	0.30	12.22	–46.73
先达股份	1.50	4.00	0.00	0.12	10.90	–64.31
宝莫股份	0.10	0.00	0.00	0.06	74.00	–40.23
同大股份	0.60	0.00	0.00	0.05	21.76	–18.81
康跃科技	0.20	0.00	0.00	0.05	6.70	–83.03
弘宇股份	0.60	0.00	0.00	0.04	9.97	–65.76
宏创控股	0.00	0.00	0.00	0.00	0.00	0.00
华纺股份	0.00	0.00	0.00	0.00	0.00	0.00
鲁北化工	0.00	0.00	0.00	0.00	0.00	0.00
北讯集团	0.00	0.00	0.00	0.00	0.00	0.00
恒天海龙	0.00	0.00	0.00	0.00	0.00	0.00
亚星化学	0.00	0.00	0.00	0.00	0.00	0.00
山东墨龙	0.00	0.00	0.00	0.00	0.00	0.00
黄三角区域总值	--	--	--	20.98	--	--
山东省总值	--	--	--	236.58	--	--
全国总值	--	--	--	10651.56	--	--

2017 年，黄河三角洲区域 22 家上市公司中有 15 家公司有现金分红，占公司总数的 68.18%，低于全省 75.77% 和全国 78.46% 的水平；在分红均值上，以 15 家有现金分红的公司为基础计算，分红均值为 1.40 亿元，以黄河三角洲全部 22 家上市公司为基础计算，分红均值为 0.95 亿元，不管哪种计算结果，都低于山东省均值水平，并且只是全国水平的三分之一左右。

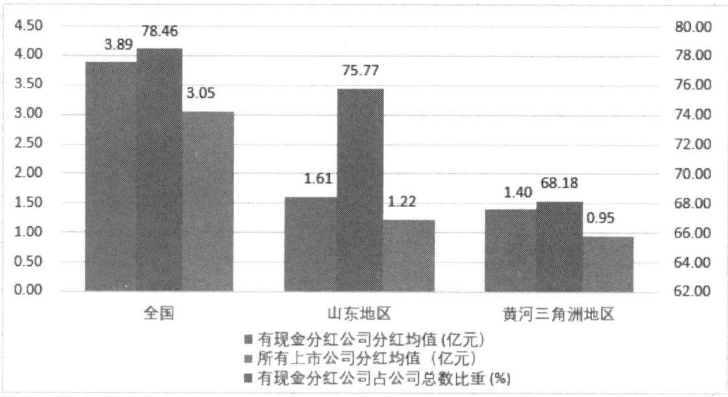

图 4-6　2017 年黄三角区域上市公司现金分红情况与全国、山东省对比

七、同所属行业指标对比分析

上文将黄河三角洲 22 家上市公司各类指标总值、均值与山东省、全国情况进行了比较分析。这些分析通过区域间的比较能反映一定问题，但忽视了行业差异。现在从行业角度，将黄河三角洲上市公司与全国同行业企业的经营发展情况进行对比，了解它们在所属行业内的具体表现。

黄河三角洲 22 家上市公司分别属于 13 个行业。本章首先统计了这 13 个行业全国上市公司的数量，计算了每个行业所有公司的总资产均值、净资产均值、总资产周转率均值、资产报酬率均值、净资产收益率均值和资产负债率均值，以把握这 13 个行业上市公司资产规模、经营能力、盈利能力和债务风险的平均水平；然后，统计了黄河三角洲 22 家上市公司在各自所属行业中在这 6 大指标上的数值排名，将数值排名折算成假设每个行业都有 100 家企业时的可比排名[1]；最后，将可比排名为 1–33 位的上市公司评价为第一梯队企业，将可比排名为 34–67 位的上市公司评价为第二梯队企业，将可比排名为 68–100 位的上市公司评价为第三梯队企业（但资产负债率正好相反，排名为 68–100 位的上市公司为第一梯队、排名为

1　每个行业拥有的公司数量不同，为了便于比较，假设每个行业都有 100 家上市公司，折算出可比排名值取整数，公式为：可比排名 = 实际排名 *100/ 公司数量。比如，康跃科技所属行业为电气机械和器材制造业，该行业全国有 221 家上市公司，在 221 家公司中，康跃科技总资产排在第 156 位，则其可比排名 =156*100/221=70.59，取整数后，可比排名为 71 位。

34–67 位的上市公司为第二梯队、排名为 1–33 位的上市公司为第三梯队），总体上认为，第一梯队具有竞争优势，第三梯队在竞争上处于劣势，第二梯队为中间水平。

结果如表 4–15 和表 4–16 所示。在表示规模大小的总资产指标上，晨鸣纸业、西王食品、科达股份、华泰股份、滨化集团、山东墨龙、登海种业的资产规模在各自所属行业内处于第一梯队；渤海活塞、国瓷材料、华纺股份、北讯集团、石大胜华、金麒麟处于第二梯队；亚星化学、康跃科技、鲁北化工、先达股份、宝莫股份、宏创控股、同大股份、宏宇股份、恒天海龙处于第三梯队。

在反映股东权益的净资产指标上，晨鸣纸业、滨化集团、华泰股份、科达股份、渤海活塞、西王食品、登海种业 7 家公司处于第一梯队；山东墨龙、国瓷材料、石大胜华、金麒麟、北讯集团、鲁北化工、华纺股份、先达股份 8 家公司处于第二梯队；宝莫股份、康跃科技、弘宇股份、宏创控股、同大股份、亚星化学、恒天海龙 7 家公司处于第三梯队。

在表示企业运营能力的总资产周转率指标上，石大胜华、亚星化学、科达股份、华泰股份、先达股份、华纺股份、滨化集团 7 家公司运营能力较强，在各自所处行业中位于第一梯队；宏宇股份、宏创控股、山东墨龙、金麒麟、康跃科技、同大股份、北讯集团 7 家公司运营能力在所处行业中处于中间水平；恒天海龙、西王食品、国瓷材料、登海种业、鲁北化工、渤海活塞、宝莫股份、晨鸣纸业 8 家公司处于第三梯队，在企业运营上需要抓紧赶超同行业企业。

黄河三角洲 22 家上市公司整体的盈利能力较强。在反映企业盈利能力的资产报酬率指标上，有滨化集团、华泰股份、先达股份、晨鸣纸业、北讯集团、国瓷材料、西王食品、弘宇股份、石大胜华、金麒麟 10 家企业在各自行业里处于竞争优势地位；康跃科技、登海种业、科达股份三家企业处于中间地位；渤海活塞、山东墨龙、鲁北化工、同大股份、亚星化学、宏创控股、恒天海龙、华纺股份、宝莫股份 9 家企业处于竞争劣势地位。

净资产收益率也是反映盈利能力的重要指标。根据这一指标，亚星化学、晨鸣纸业、西王食品、滨化集团、华泰股份、国瓷材料、弘宇股份在本行业企业中盈利能力较强；先达股份、石大胜华、康跃科技、北讯集团、登海种业、金麒麟、科达股份、鲁北化工居中；渤海活塞、山东墨龙、宏创控股、同大股份、华纺股份、宝莫股份、恒天海龙的盈利能力亟须提升。基于资产报酬率和净资产收益率评判的企业盈利能力总体上较为一致，但因为企业的负债情况各不相同，根据两个指标做出的评价差异较大。比如，亚星化学资产负债率高达 97.85%，所以在其资产报酬率较低的同时，净资产收益率能在同行业企业中处于第一位。

在资产负债率指标上，宏创控股、登海种业、弘宇股份、恒天海龙、先达股份、金麒麟、同大股份、鲁北化工、宝莫股份、渤海活塞 10 家公司因其资产负债率低于行业内大部分公司，债务风险较低，处于第一梯队；滨化集团、国瓷材料、石大胜华 3 家公司处于第二梯队；华泰股份、科达股份、北讯集团、康跃科技、华纺股份、西王食品、晨鸣纸业、山东墨龙、亚星化学 9 家公司资产负债率较高，债务压力较大，在本行业中处于第三梯队。

表 4-15　2017 年黄三角区域上市公司同所属行业经营指标对比表（1）

企业简称	证监会行业名称（该行业上市公司数量）	总资产均值（亿）	可比排名	净资产均值（亿）	可比排名	总资产周转率均值（次）	可比排名
康跃科技	电气机械和器材制造业（221 家）	88.03	71	38.66	78	0.66	57
北讯集团	电信、广播电视和卫星传输服务（15 家）	504.81	47	281.3	60	0.37	67
华纺股份	纺织业（40 家）	42.64	45	23.87	65	0.73	25
科达股份	互联网和相关服务（60 家）	63.94	18	38	22	0.62	10
恒天海龙	化学纤维制造业（22 家）	109.41	100	51.11	100	0.92	68
宝莫股份	化学原料及化学制品制造业（227 家）	67.08	76	32.13	70	0.74	95
国瓷材料	化学原料及化学制品制造业（227 家）	67.08	43	32.13	39	0.74	84
亚星化学	化学原料及化学制品制造业（227 家）	67.08	70	32.13	99	0.74	9

续表

鲁北化工	化学原料及化学制品制造业（227 家）	67.08	73	32.13	63	0.74	87
滨化股份	化学原料及化学制品制造业（227 家）	67.08	20	32.13	14	0.74	30
石大胜华	化学原料及化学制品制造业（227 家）	67.08	50	32.13	49	0.74	2
先达股份	化学原料及化学制品制造业（227 家）	67.08	74	32.13	66	0.74	19
西王食品	农副食品加工业（49 家）	58.69	16	32.93	31	1.12	78
登海种业	农业（15 家）	47.11	33	27.54	33	0.4	87
渤海汽车	汽车制造业（121 家）	201.01	34	83.74	29	0.71	93
金麒麟	汽车制造业（121 家）	201.01	63	83.74	55	0.71	55
同大股份	橡胶和塑料制品业（73 家）	42.78	92	23.5	84	0.84	66
宏创控股	有色金属冶炼和压延加工业（68 家）	142.56	91	59.9	79	1.16	40
晨鸣纸业	造纸及纸制品业（27 家）	102.18	4	43.74	4	0.7	96
华泰股份	造纸及纸制品业（27 家）	102.18	19	43.74	19	0.7	11
山东墨龙	专用设备制造业（193 家）	58.8	23	28.62	38	0.49	41
弘宇股份	专用设备制造业（193 家）	58.8	97	28.62	78	0.49	34

表 4-16　2017 年黄三角区域上市公司同所属行业经营指标对比表（2）

企业简称	证监会行业名称（该行业上市公司数量）	资产报酬率均值 (%)	可比排名	净资产收益率均值（亿）	排名	资产负债率(%)	可比排名
康跃科技	电气机械和器材制造业（221 家）	5.46	45	-80.08	38	41.92	26
北讯集团	电信、广播电视和卫星传输服务（15 家）	4.59	20	5.66	40	38.81	27
华纺股份	纺织业（40 家）	6.28	93	8.63	93	38.48	15
科达股份	互联网和相关服务（60 家）	5.75	53	3.71	45	33.93	30
恒天海龙	化学纤维制造业（22 家）	5.51	91	7.9	95	45.56	86
宝莫股份	化学原料及化学制品制造业(227家)	8.2	96	13.76	95	36.95	73

续表

国瓷材料	化学原料及化学制品制造业（227家）	8.2	24	13.76	26	36.95	48
亚星化学	化学原料及化学制品制造业（227家）	8.2	78	13.76	1	36.95	2
鲁北化工	化学原料及化学制品制造业（227家）	8.2	74	13.76	67	36.95	76
滨化股份	化学原料及化学制品制造业（227家）	8.2	8	13.76	18	36.95	63
石大胜华	化学原料及化学制品制造业（227家）	8.2	27	13.76	36	36.95	44
先达股份	化学原料及化学制品制造业（227家）	8.2	19	13.76	35	36.95	81
西王食品	农副食品加工业（49家）	4.72	24	2.62	16	39.47	10
登海种业	农业（15家）	3.06	47	4	40	40.41	93
渤海汽车	汽车制造业（121家）	7.07	72	8.29	74	42.73	70
金麒麟	汽车制造业（121家）	7.07	28	8.29	45	42.73	80
同大股份	橡胶和塑料制品业（73家）	6.84	75	7.69	78	35.27	79
宏创控股	有色金属冶炼和压延加工业（68家）	7.08	82	9.78	78	44.1	96
晨鸣纸业	造纸及纸制品业（27家）	6.7	19	12.44	15	39.61	7
华泰股份	造纸及纸制品业（27家）	6.7	15	12.44	22	39.61	33
山东墨龙	专用设备制造业（193家）	6.29	73	7.71	77	38.82	5
弘宇股份	专用设备制造业（193家）	6.29	25	7.71	33	38.82	88

第四节 黄三角区域上市公司发展情况总结与发展建议

一、黄河三角洲区域上市公司的发展情况总结

1. 黄河三角洲区域上市公司较少，分布不均衡。

黄河三角洲区域面积占山东省的16.67%，人口占山东省的10%，地区生产总值约占山东省的14.29%，但上市公司数量占山东省的11.22%，总资产占山东省的8.66%，年个股总市值占山东省的7.35%。相对它在山东省的面积、人口、地区生产总值比重来说，黄河三角洲区域上市公司的数量较少、总规模相对偏小。在公司的区域分布上，黄河三角洲区域上市

公司主要分布在 12 个县市，还有 7 个县市没有上市公司。上市公司在黄河三角洲区域内部的分布不够均衡。

2. 黄河三角洲区域上市公司以民营企业为主，主要涉及化工、造纸等行业，覆盖行业较少。

黄河三角洲区域 22 家上市公司除渤海活塞、华纺股份、鲁北化工、石大胜华、晨鸣纸业外，其他 17 家，即 77.27% 的上市公司都为民营企业。22 家上市公司共覆盖 3 个行业大类，13 个行业细分类别，行业覆盖面狭小。企业数量最多的是化工、造纸等本土传统优势行业。

3. 本土企业家较多，企业家族色彩较重。

在黄河三角洲区域 17 家民营上市公司中，滨化集团、西王食品、金麒麟、宏创控股、科达股份、同大股份、亚星化学、山东墨龙、登海种业等大部分公司的实际控制人为本市或者山东本省人，也大多是企业的创始人，经营中家族色彩较重，面临二代企业控制人的培养和代际交替问题。

4. 黄河三角洲区域公司资产、市值规模较小，两极化严重，固定资产占比较高。

黄河三角洲区域上市公司平均总资产、平均固定资产净额、年平均个股总市值分别为 90.7 亿、24.98 亿元和 69.48 亿元，均低于全省、全国的平均水平，资产规模、市值规模相对较小，两极分化严重；固定资产占总资产比重为 27.54%，高于山东省，特别是高于全国平均水平。

5. 黄河三角洲区域公司盈利能力、发展成长能力较强，运营能力有待强化。

黄河三角洲区域上市公司总资产报酬率、净资产收益率分别为 6.55% 和 13.84%，均高于全省、全国水平；总资产周转率、流动资产周转率高于全国水平；存货周转率、应收账款周转率、应付账款周转率、固定资产周转率低于全国均值。这说明本地区上市公司盈利能力、发展成长能力较强，但运营能力还需强化。

6. 黄河三角洲区域公司负债水平偏高、抗债务风险能力有待提高。

黄河三角洲区域上市公司资产负债率、权益乘数、产权比率分别为38.67%、3.79%、284.97%，债务风险总体大于全省、全国水平；流动比率为2.35%，偿债能力、抗债务风险能力低于全省、全国水平。

7. 黄河三角洲区域上市公司为社会做了较大贡献，但依然有较大提升空间。

黄河三角洲区域上市公司2017年安排了55837名员工就业，平均每个公司支付给职工以及为职工支付现金2.16亿元、支付各项税费2.11亿元，现金分红20.98亿元（含税），为当地人民生活水平的提高和当地经济发展，为回馈股东做了重要贡献，但与全省、全国均值相比，将来仍然有较大提升空间。

8. 对比所属行业发展指标，黄河三角洲区域具有竞争优势和劣势的公司呈现两极分化。

本章将黄河三角洲区域22家上市公司与各自所属行业总资产均值、净资产均值、总资产周转率均值、资产报酬率均值、净资产收益率均值和资产负债率均值6大指标进行了对比分析，在得到的132（22乘以6）个可比排名结果中，处于第一梯队的有48个，处于第二梯队的有35个，处于第三梯队的有49个。在与行业指标对比上，评比结果两极分化，劣势结果最多，优势其次，中间水平的较少。

二、黄河三角洲区域上市公司的发展建议

1. 依法保障企业产权和企业家合法权益，激发企业家精神，增强创业创新发展根本动力。

企业家是创业创新的带头人，企业是创造财富的主体平台。企业家对财富的追求、贡献社会的愿望、自我成功的满足感，企业经济效益、社会效益的驱动，共同形成企业创业创新发展的根本动力。中共中央、国务院

2017年发布《关于营造企业家健康成长环境 弘扬优秀企业家精神 更好发挥企业家作用的意见》（中发〔2017〕25号）（以下简称《意见》），共29条，要求要营造依法保护企业家合法权益的法治环境、营造促进企业家公平竞争诚信经营的市场环境、营造尊重和激励企业家干事创业的社会氛围、弘扬企业家爱国敬业遵纪守法艰苦奋斗的精神、弘扬企业家创新发展专注品质追求卓越的精神、弘扬企业家履行责任敢于担当服务社会的精神、加强对企业家优质高效务实服务、加强优秀企业家培育、加强党对企业家队伍建设的领导。黄河三角洲区域相关政府部门要认真学习《意见》，领会《意见》精神，切实、持续落实《意见》，激发企业家精神，优化创业创新发展根本动力的培育环境。企业家要充满信心，鼓足精神，增强动力，带领企业克服困难，迈上新台阶，追求新发展。

2. 特别关注企业接班人计划，促进现代企业健康持续发展。

企业领导人要站在现代企业的高度，从企业健康、创新、持续发展的角度，制订企业接班人计划，重视职业经理人制度，对企业重要岗位的接班人在选拔、培育、扶持等方面预先进行合理规划，稳步实施。黄河三角洲区域各政府部门可为企业接班人计划的制订和实施提供服务和协助。比如：建立企业人才服务中心，以专门服务企业招聘人才，设立企业人才服务保障卡，为企业人才提供人才服务一卡通保障；建立未来企业家培育促进部，专门负责区域内企业未来领导人培育的协助工作，在相关部门提供岗位让企业接班人挂职锻炼、协调出访考察、提供企业家培训、公派出国留学、促进区内企业间相互学习、相互挂职；等等。

3. 加强现有行业的技术升级与改造，细化产业布局，提升核心竞争力，绿色发展。

黄河三角洲区域的上市公司多数从事化工、造纸、铝制品制造等高能耗、高环境污染行业，在国际竞争日益激烈，环境、能耗要求日趋严格的背景下，相关企业要加强科研投入和环保设备投入，严守绿色生产程序，持续推进产业技术升级与改造，降低能耗，保护环境，促进本地区经济的绿色发展。政府要立足本地传统产业优势，以上市公司为龙头，以全产业链为对象，细化产业链分工，强力培育和引进相关企业，填补产业链空白，集聚优势产业资源，提升企业核心竞争力，提升本地区全产业链的整体竞争优势。

4. 加强各行业招商引资，积极支持、辅导企业上市。

政府要强化招商引资工作，特别是新兴行业、高新行业、现有产业链空白行业的招商引资，不断完善营商环境，积极支持中小企业、民营企业发展；企业要发挥自己在招商引资中的优势地位，积极联系与本企业发展关系密切的企业到本地发展，打造、完善产业链，形成产业集群竞争优势。黄河三角洲区域的上市公司主营业务只覆盖了三个行业，行业覆盖面狭小。还没上市的企业要提升企业发展目标，对照上市标准，补齐短板，争取早日上市经营。政府要重视企业上市工作，要特别关注无上市公司地区的企业发展，动用各方资源协助企业上市，帮助相关机构辅导企业上市。

5. 要不断提高企业的经营能力，关注债务风险，提高债务风险防控能力。

黄河三角洲区域上市公司要关注反映企业发展的资产、市值、盈利能力、发展成长能力、运营能力、偿债能力、社会贡献能力等方面的指标，对照区域间指标对比结果和行业内指标对比结果，根据企业实际情况，不断提高本企业的运营能力、盈利能力、发展成长能力、社会贡献能力。特别是，黄河三角洲区域上市公司整体的债务风险高于全省、全国水平，流动比率低于全省、全国水平，相关企业要降低债务风险，提升风险防控能力。

6. 依法纳税，尽企业所能提升职工收入，提高现金分红。

黄河三角洲区域上市公司为社会、为股东做了重要贡献。随着企业的发展，政府要鼓励企业依法纳税，尽自己所能，逐步提升职工收入，鼓励为股东提供现金分红，吸引人才加入企业，吸引更多资金投入企业发展，形成企业与社会资源“支持——发展——回馈——支持——发展——回馈”

的良性互动局面。

附 黄三角区域上市公司名称、证券代码与主营业务

公司全称与代码	主营业务
山东晨鸣纸业集团股份有限公司（000488）	机制纸、纸板等纸品；造纸原料、造纸机械生产加工、销售。
西王食品股份有限公司（000639）	预包装食品的批发兼零售。一般经营项目：对食品行业投资；进出口业务。
恒天海龙股份有限公司（000677）	许可证范围内普通货运（在有效期限内以许可证为准）；化纤用浆粕、粘胶纤维、空心砖、纱、布、面料的生产（不含印染）、销售；备案进出口业务；浆粕的来料加工；纺织技术的开发、研究、服务、咨询、转让。（依法须经批准的项目，经相关部门批准后方可开展经营活动。）
山东登海种业股份有限公司（002041）	许可证规定范围内的农作物种子生产、分装、销售（有效期限以许可证为准）。农作物新品种选育；农业新技术开发及成果转让、技术推广、技术咨询、培训服务；进出口业务。（依法须经批准的项目，经相关部门批准后方可开展经营活动。）
北讯集团股份有限公司（002359）	通信技术推广、技术开发、技术转让、技术咨询、技术服务；销售通信设备；租赁通信设备。本单位制造机械式停车设备安装、改造、维修（有效期限以许可证为准）。生产销售铁塔、钢管塔、架构、管道和钢管柱及建筑用轻钢厂房、停车设备；本公司产品的出口业务及所需原材料的进口业务；公路标志、标线、护栏、隔离栅、防眩板工程施工及安装；机械式立体停车设备的维护及技术服务，承包与其实力、规模、业绩相适应的国外工程项目；备案范围内的进出口业务。（依法须经批准的项目，经相关部门批准后方可开展经营活动。）
山东宏创铝业控股股份有限公司（002379）	高精铝板带箔生产销售，备案范围内的进出口业务。（以工商行政管理部门最终核准登记经营范围为准。）

续表

山东宝莫生物化工股份有限公司（002476）	丙烯酰胺的生产；丙烯腈批发（禁止储存，有效期限以许可证为准）。聚丙烯酰胺、表面活性剂、油田助剂、二甲基二烯丙基氯化铵、水处理剂、造纸助剂、选矿及印染助剂生产、销售；化工产品（不含危险化学品）研发、生产、销售、加工；环境治理；高新技术项目及产品的投资、开发、生产与经营；工程和技术研究与试验发展；科技企业孵化；在法律法规规定的范围内对外投资；进出口业务。
山东墨龙石油机械股份有限公司（002490）	抽油泵、抽油杆、抽油机、抽油管、石油机械、纺织机械的生产、销售；石油机械及相关产品的开发；商品信息服务（不含中介）。（依法须经批准的项目，经相关部门批准后方可开展经营活动，有效期限以许可证为准。）
山东弘宇农机股份有限公司（002890）	制造、销售普通机械、车辆用液压系统；铸造、销售农机配件；房屋租赁；货物进出口业务。（依法须经批准的项目，经相关部门批准后方可开展经营活动。）
山东国瓷功能材料股份有限公司（300285）	生产、销售特种陶瓷粉体材料（不含危险品），对销售后的产品进行技术服务，进出口贸易。（以上经营事项涉及法律法规规定需报批的，凭批准证书经营。）
山东同大海岛新材料股份有限公司（300321）	经依法登记，公司的经营范围为：生产销售海岛超纤皮革、合成革、鞋材、服装面料及辅料（不含棉纺）、沙发革、汽车内饰及座套、球革、手套面料、高档擦拭布、海岛纤维；经营聚乙烯等自用原辅料业务；经营本企业自产产品的出口业务和本企业所需的机械设备、零配件、原辅材料的进口业务，但国家限定公司经营或禁止进出口的商品及技术除外（以上范围不含国家法律法规禁止或限制性项目）。（依法须经批准的项目，经相关部门批准后方可开展经营活动。）
康跃科技股份有限公司（300391）	生产、销售涡轮增压器、内燃机及零部件；涡轮增压器领域的新产品、新技术、新工艺的研究和开发，进出口业务（以上范围涉及资格证书的，按资格证书核准的经营范围执行）。（依法须经批准的项目，经相关部门批准后方可开展经营活动。）

续表

山东华泰纸业股份有限公司（600308）	造纸；纸制品及纸料加工；热电（自用）；化工产品（不含化学危险品）及机械制造、销售；纸浆的生产、销售；批准范围内的本企业自产产品及相关技术的进出口业务。
潍坊亚星化学股份有限公司（600319）	许可证范围内烧碱、液氯、水合肼、ADC发泡剂、次氯酸钠溶液、氢气、废硫酸、盐酸的生产经营；技术开发、服务及转让；生产经营氯化聚乙烯、热力、灰渣制品；货物和技术的进出口业务；供电售电。
华纺股份有限公司（600448）	前置许可经营项目：热力的生产、销售；电力的生产、销售（以上项目有效期限以许可证为准）。棉、化纤纺织及印染精加工，棉及化纤制品、服装、服饰、家用纺织制成品、特种劳动防护用品（服装服饰、鞋帽、面料）、染料和印染助剂（不含化学危险品、不含监控化学危险品、不含易制毒化学危险品）的生产、加工、销售；棉花收购、销售；新产品的技术开发、技术咨询服务及技术转让；机电设备、煤渣、煤灰的销售；仓储；进出口业务；混凝土砌块及粉煤灰砖的生产与销售。（依法须经批准的项目，经相关部门批准后方可开展经营活动。）
山东鲁北化工股份有限公司（600727）	许可证批准范围内的氢氧化钠、磷酸、磷酸二铵、硫酸、工业溴、液氯、盐酸、次氯酸钠溶液、氢气，水泥生产、销售；工业盐的生产销售；海水养殖；复混肥料、掺混肥料、复合肥料、生物有机肥料、控释肥料的生产销售；废酸处理。
渤海汽车系统股份有限公司（600960）	活塞的生产销售；机械零部件的生产销售；汽车、内燃机、压缩机、摩托车的零部件的生产销售；铝及铝制品的生产销售；机床设备及配件的生产销售；汽车（不含小轿车）销售；工业用油、润滑油及齿轮油的销售；备案范围内的进出口业务。
科达集团股份有限公司（600986）	前置许可经营项目：柴油、汽油零售。一般经营项目：企业形象策划，展览展示服务；市场营销；设计、制作、代理、发布广告；汽车销售；技术咨询、技术服务、技术开发、技术推广；数据调研、新媒体；房地产开发、销售（凭资质证书经营）；农贸市场开发与经营。（以企业工商主管部门核准登记信息为准。）

续表

滨化集团股份有限公司（601678）	环氧丙烷、二氯丙烷溶剂、氢氧化钠（液体、固体）、食品添加剂氢氧化钠（液体、固体）、二氯异丙醚、氯丙烯、顺式二氯丙烯、反式二氯丙烯、DD 混剂、低沸溶剂、高沸溶剂、四氯乙烯、盐酸（高纯盐酸、试剂盐酸、工业用盐酸、食品添加剂盐酸、副产盐酸）、次氯酸钠溶液、氢气、氯气、液氯、副产硫酸、氮气、氧气、压缩空气、十水硫酸钠、破乳剂系列、乳化剂系列（含农药乳化剂系列、印染纺织助剂、泥浆助剂等）、缓蚀剂系列、聚醚、水质处理剂的生产；丙烯、氯乙烯带有储存设施的经营（限分支机构经营）；塑料编织袋、元明粉的生产、销售；机械设备安装。
山东石大胜华化工集团股份有限公司（603026）	前置许可经营项目：许可证批准范围内的环氧丙烷、二氯丙烷、丙烯、液化石油气、粗苯、甲基叔丁基醚、碳酸二甲酯、碳酸二乙酯、碳酸丙烯酯、溶剂油、碳酸甲乙酯、二甲苯、混合苯、重油、混合碳五、燃料油、粗丙醇、液态烃、混合芳烃、乙烯料、丙二醇的生产、销售（有效期限以许可证为准）。一般经营项目：石油化工新技术、新材料、新产品（不含国家限制产品）的研制、开发及技术服务。
山东先达农化股份有限公司（603086）	农药原药合成、制剂复配；工业自产副产品硫酸铵、氯化钠、醋酸钠、三水醋钠的销售；精细化工中间体的生产、销售（涉及危险化学品的以安全生产许可证的产品为准）；本企业自产副产品硫酸铵、氯化钠的销售；经营本企业自产产品及技术的出口业务和企业所需的机械设备、零配件、原辅材料及技术的进口业务，但国家限定公司经营或禁止进出口的商品和技术除外（全部经营项目中法律、法规禁止的不得经营；应经专项审批的未获得审批前不得经营。）（有效期限以许可证为准。）
山东金麒麟股份有限公司（603586）	研发、制造、销售各类制动摩擦材料及制动产品、垫片、传感器、传感线、滤清器及所需原材料、设备、零配件的销售与维修；润滑油销售；制动液（不含危险品）销售；货物及技术进出口业务。（依法须经批准的项目，经相关部门批准后方可开展经营活动。）

/ 第六章 /

黄三角区域就业与创业分析报告

侯麟科　吕玉霞　于丛[1]

本报告主要利用了《山东省综合社会调查2017年调查问卷》的A部分（社会人口属性）和C部分（社会网络）中一些具有代表性的问题抽样调查结果，来了解本年黄河三角洲高效生态经济区居民的创业、就业和收入情况。报告中使用的综合调查问卷是关于山东省经济和社会发展综合情况的第一手数据资料。该问卷作为以山东省为代表的调查数据较之以往全国性的综合数据和其他统计口径的数据而言较为独特。本报告从调查结果中筛选出黄河三角洲高效生态经济区的样本，来分析居民的创业、就业及收入情况。其中就业及收入部分从居民就业、收入、性别、年龄及受教育情况等因素入手，通过综合分析展现黄河三角洲高效生态经济区居民本年度的就业及收入特征；创业部分分析了居民创业比例、创业意愿、创业环境及创业实践等特征。上述分析均按照抽样的权重对样本数据进行了加权处理。

1　侯麟科，山东大学山东发展研究院副教授、博士、博士生导师；吕玉霞，山东管理学院副教授、博士；于丛，山东大学经济研究院博士研究生。

第一节 黄三角区域居民就业与收入情况分析

一、就业及教育情况分析

（一）就业种类调查

为便于理解和认知，将居民就业情况划分为非农就业、务农、非农失业、农业失业和未就业五个类别，具体情况见图 6-1。数据显示，在黄河三角洲高效生态经济区样本中，人们的就业比例较高；就业状况中比例最高的是非农就业，达到 56.82%；排在第二位的农业就业比例达到 19.48%；总体就业比例为 76.91%。这表明接受调查的受访者就业较为充分。受各种因素的影响，仍有 20.06% 的受访者处于失业状态。其中，农业失业比例为 10.99%，非农失业比例为 9.07%。另外，有 3.63% 的受访者处于未就业状态。

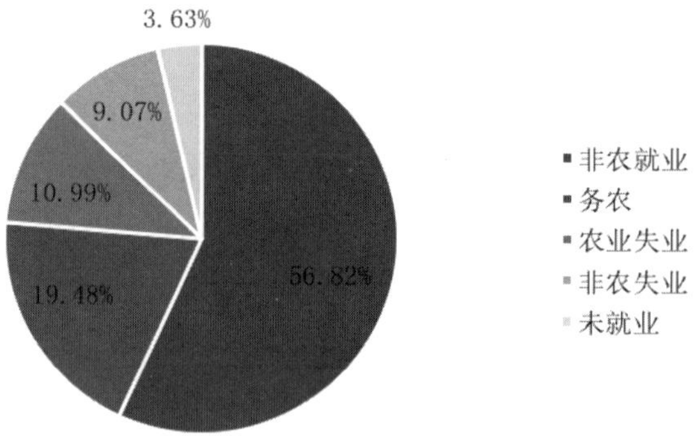

图 6-1　2017 年黄三角区域就业情况分类

注：本章所用与官方所用失业指标并不一致，主要差异在于样本没有剔除无就业意愿的样本，所以不是官方意义上的失业率，统一表述为失业比例。以下同。

（二）不同年龄段就业分类调查

将就业状态按照受访者不同年龄段划分得到的分析结果见图 6-2。18-35 岁、36-45 岁及 46-60 岁三个年龄段受访者从事非农就业的比例最高，分别为 63.04%、70.47% 及 45.54%；受教育水平及年龄限制，61-70 岁及 71 岁以上年龄段非农就业比例较低，仅为 12.89% 及 2.61%。从务农比例来看，从事务农的主要人群集中于 46-60 岁及 61-70 岁年龄段，务农比例分别为 28.09% 和 34.36%；其他年龄段务农人口比例相对较小，尤其是 18-35 岁年龄段，务农比例仅为 4.34%。这反映出目前从事农业工作的人口年龄较从事非农工作的人口年龄偏大。随着 46-60 岁中年人群逐渐转变为老年群体，失去从事务农工作的能力，从事农业工作的人口数量将进一步缩减。由各年龄组数据比较可以看出，就业最充分的年龄阶段为 36-45 岁。在这一年龄段，非农就业与务农人数相加比例最高达到 91.56%，失业人口比重较小。

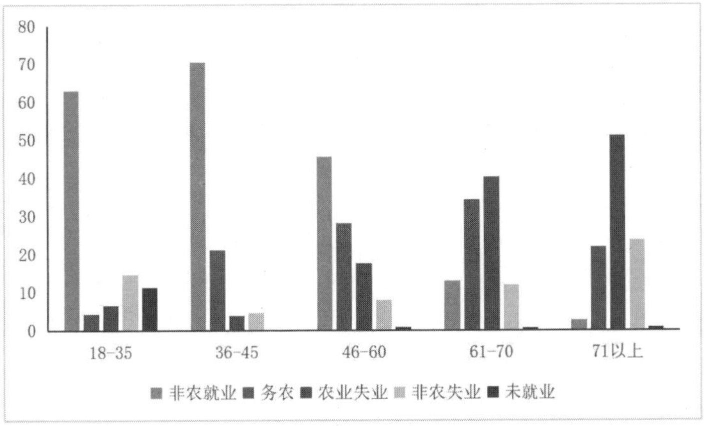

图 6-2　各年龄段就业情况比较

（三）各年龄段受教育年限

根据受访者回答的最高学历，按照达到该学历的一般所应坚持学习的时间计算受访者的受教育年限，并对该数据进行统计与分析，得出不同年龄段的平均受教育年限数据。由图 6–3 分析结果可以看出，受访者年龄与受教育年限呈负相关关系。年轻人群的受教育时间普遍较长。受访者中 18–35 岁和 36–45 岁年龄阶段的平均受教育年限分别为 12.13 年和 9.42 年，均超过国家法定的 9 年义务教育时间。这说明青壮年群体文化水平较高，为图 6–2 青壮年从事非农工作比例较高的问题提供了解释。受历史因素影响，中老年人受教育年限普遍较短，尤其是 60 岁以上的人群，平均受教育年限不足 4 年。

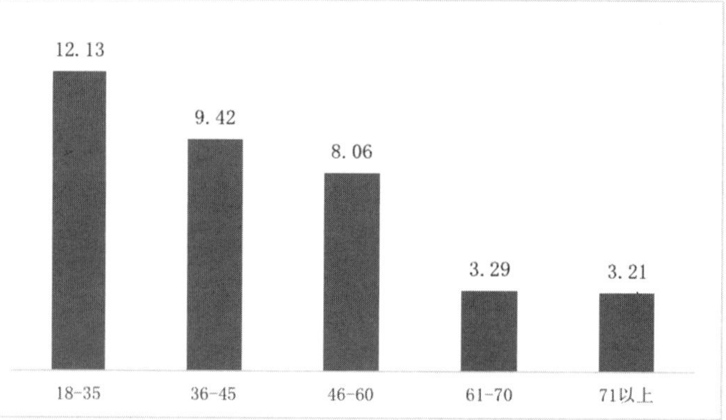

图 6–3　各年龄段受教育年限

（四）性别、年龄与受教育年限

图 6–4 分析显示男性群体与女性群体受教育年限存在差异。36–45

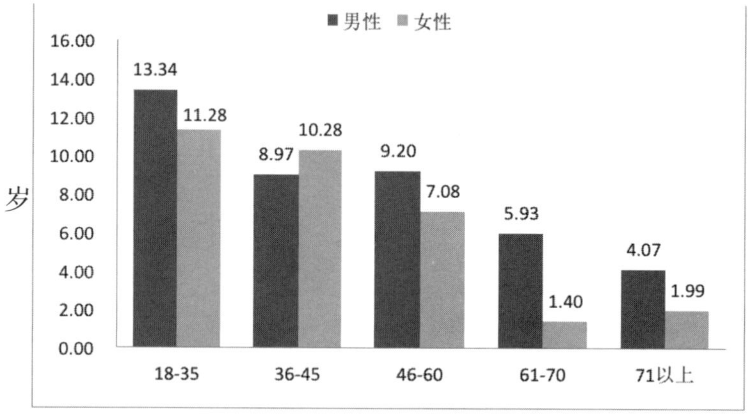

图 6–4　不同年龄段及性别人群受教育年限分析

女性受教育程度高于同龄男性。但对其他年龄段的女性而言，受教育程度显著低于男性，其中 61–70 岁男女受教育程度差异最大。这说明长期以来，男性的受教育机会普遍多于女性。从年龄角度来看，受教育年限都与年龄呈负相关关系，年轻一代的受教育年限比中老年群体更长。18–35 岁群体接受教育年限最长，其中男性为 13.34 年，女性为 11.28 年。这反映出我国教育资源不断优化，惠及更多人口，显著增加了年轻群体的受教育机会。

（五）受教育年限与就业情况

将受教育程度划分为小学以下、初中、高中 / 职专、大学及以上四个层次，根据受访者关于最高学历的回答，分析受教育程度与就业情况之间的关系，结果见图 6–5。通过比较发现，受教育程度越高的群体从事非农工作的比例越大，相应的务农人口比例越低。在最高学历为小学以下的群体中，从事非农工作的人口比例为 20.83%，务农人口比例高达 32.58%；而在大学及以上的受访者群体中，从事非农工作的群体占比高达 77.55%。另外，由于最高学历为大学及以上的受访者可能仍处于受教育阶段，未就业人口占比为 7.50%，在四类受访者中占比最大。尽管如此，大学及以上学历人群的就业比例仍高于其他三类人群。这表明教育对就业有显著的促进作用。

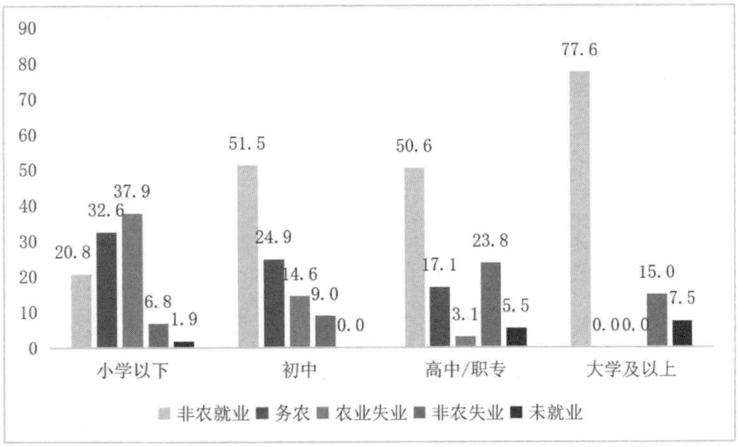

图 6–5 文化程度与就业情况分析

二、收入情况分析

（一）各年龄段收入

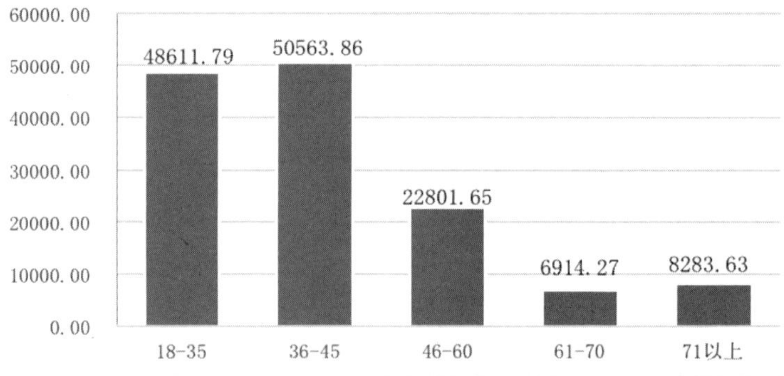

图 6-6　各年龄段年收入

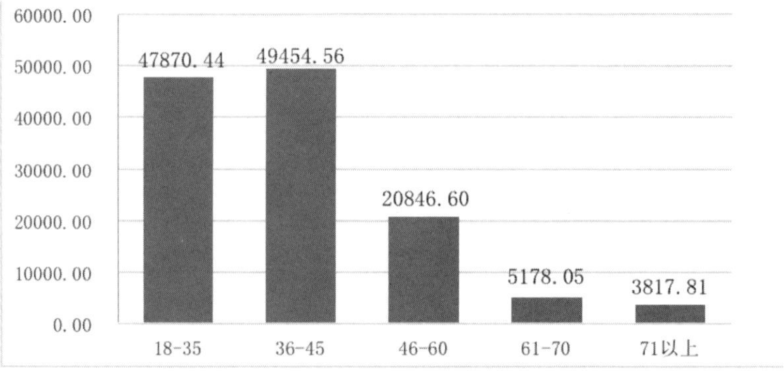

图 6-7　各年龄段年劳动收入

图 6-6 和图 6-7 分别列出了各年龄段的年收入和劳动收入。从年收入来看，36-45 岁年龄段年收入最高，为 50563.86 元；其次为 18-35 岁年龄段，年收入为 48611.79 元。这两个年龄段受访者受教育程度较高，处于事业的黄金时期，身体正值壮年，收入稳定。中老年群体文化水平低、劳动能力逐渐衰退，年收入水平较低。从劳动收入和总收入的比较来看，45 岁以下受访者的年收入与劳动收入差异不大；45 岁以上的受访者年收入与劳

动收入差距较大，尤其对60岁以上的群体，劳动收入占年收入比重较小。这与高龄受访者中退休人数比例较高且总收入中包含一部分子女赡养收入或财产性收入有关。从总体来看，劳动收入仍是收入的主要来源。

（二）文化程度与年收入情况分析

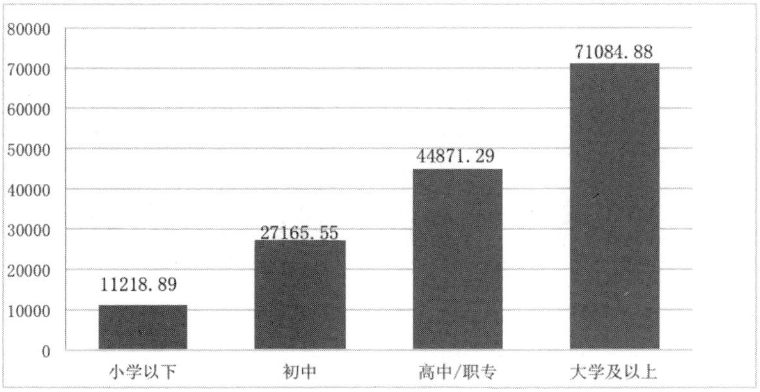

图 6-8　不同文化程度年收入比较

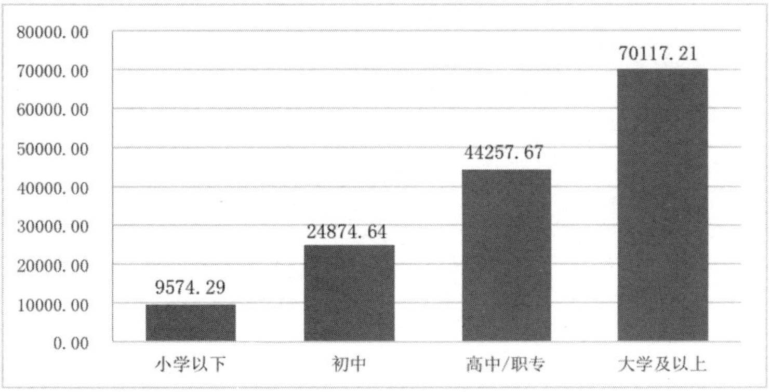

图 6-9　不同文化程度年劳动收入比较

数据分析表明，受教育程度与年收入、劳动收入均呈正相关关系。最高学历为大学及以上的受访者年收入及劳动收入最高，分别为71084.88元和70117.21元；小学及以下文化程度的人群收入最低，年均收入仅为11218.89元。这说明教育能显著提高收入水平。另外，小学及以下受访者的劳动收入占总收入的比重相对其他群体较小，这可能是由于受教育程度低的受访者普遍年龄较大，总收入受到子女赡养、财产性收入等因素影响。

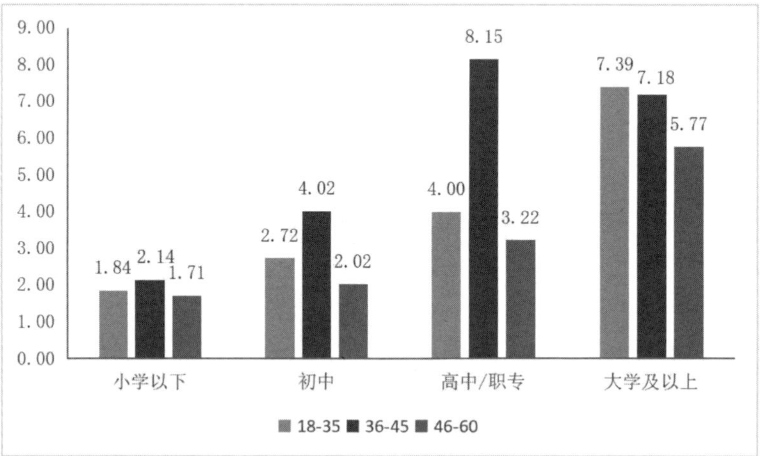

图 6-10　不同年龄及文化程度人群收入分析

图 6-10 列出了未退休受访者的收入与学历、年龄之间的关系。36-45 岁最高学历为高中 / 职专的群体收入最高，为 81519.62 元，高于 36-45 岁最高学历为大学及以上的群体。这可能是受访者财产性收入差别造成的。总体来看，受访者收入与受教育程度正相关。从年龄角度来看，年收入最高的年龄阶段是 36-45 岁。这个群体工作状态稳定、年富力强且经过早期财富积累，财产性收入比重较大。 46-60 岁群体年收入水平最低，这一方面是由于 45-60 岁大多从事机械、纺织、钢铁制造等夕阳产业，受自身学习能力及寻找新工作成本的限制，难以转向微电子、金融及生物技术等高收入行业；另一方面，农村中年龄偏大的劳动者不适合高强度的务农工作，因而收入水平低于年轻群体。

（四）性别、年龄与收入情况

考虑年龄及性别因素后，比较不同受访群体的年平均收入，分析结果见图 6-11。从性别角度来看，男性收入显著高于女性。尤其对于 18-35 岁年轻群体来说，女性收入不足男性收入的四成。同时，随着年龄增大，性别收入差异逐渐减小。男性群体最高收入年龄段是 18–35 岁，为 77589.04 元；女性受生育因素影响，最高收入年龄段是 36–45 岁，滞后于男性群体，收入水平为 30677.39 元。从年龄角度来看，18–35 岁及 36–45 岁受访者收入较高，46–60 岁受访者收入最低，这可能是 46–60 岁群体受教育程度较低造成的。

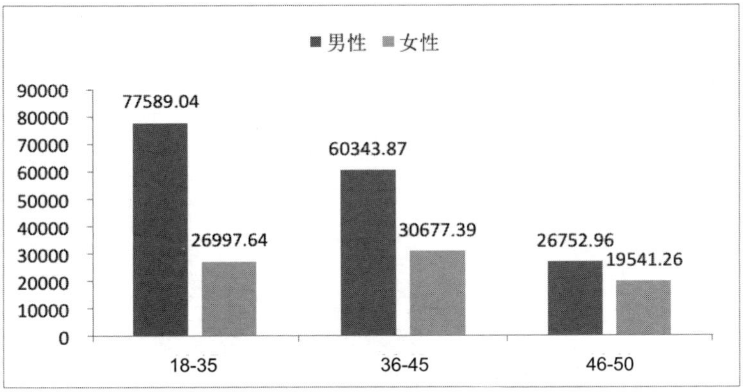

图 6–11　不同年龄及性别人群收入分析

（五）性别、文化程度与收入情况

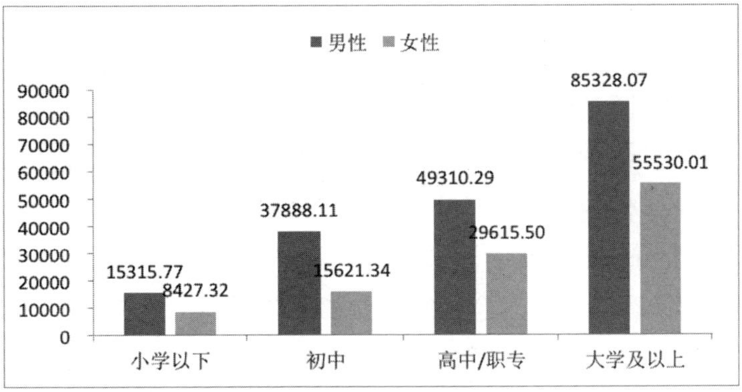

图 6–12　不同文化程度及性别人群收入分析

图 6–12 中列出了不同教育程度的男性与女性的收入差别。数据分析显示，收入水平有明显的性别差异。每个教育程度中男性收入均高于女性。

这可能是由生育因素、工作选择倾向差别造成的。从教育角度来看，一个人的受教育程度与收入正相关。大学及以上的群体收入最高，男性最高收入为85328.07元，女性为55530.01元。这反映出教育能有效促进就业、提高工资水平。

三、劳动者保障

（一）年龄、性别与劳动者保障

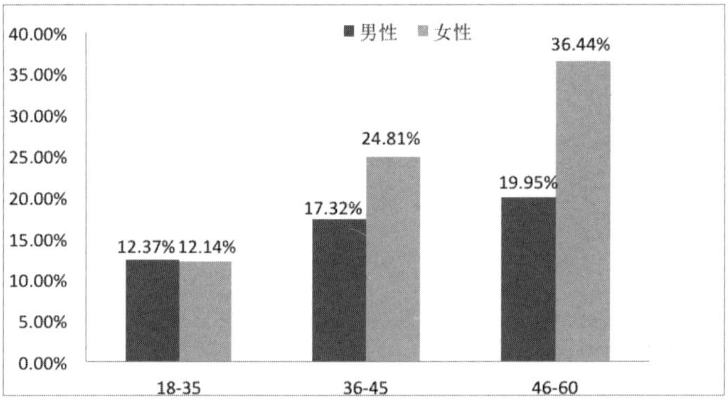

图6-13　不同年龄段及性别人群未签订劳动合同比率

不同年龄阶段群体的劳动保障观念有较大差异。图6-13分析了未退休群体的劳动合同签订情况，各年龄及性别群体未签订劳动合同的比例有所差别。从年龄角度来看，18-35岁年轻群体的劳动保障观念较强，未签订劳动合同的比例约为12%；36-45岁群体的劳动保障观念较弱，未签订劳动合同的比例较高，其中，男性群体为17.32%，女性群体为24.81%；46-60岁群体的劳动保障观念是所有受访者中最弱的，男性未签订劳动合同比例为19.95%，女性为36.44%。这说明就业市场高龄劳动者在竞争中较为不利，在劳动关系中较为被动，得到的法律保障较低。从性别角度来看，年轻劳动者的自我保护意识没有显著的性别差异。男性未签订合同的比例为12.37%，女性未签订合同的比例略低于男性，为12.14%。对于中老年劳动群体来说，女性自我保护意识显著低于男性，46-60岁群体女性未签订劳动合同比例比男性高 16.49%。这反映出女性在就业市场处于弱势，得到的法律支持不足。

（二）文化程度、性别与劳动者保障

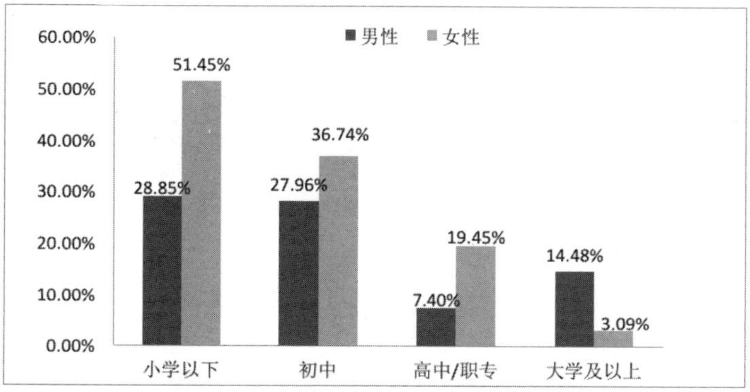

图 6-14　不同文化程度及性别人群未签订劳动合同比率

图 6-14 列出了不同受教育程度、性别与劳动保护的关系。从受教育程度来看，受教育程度为小学以下、初中的群体未签订劳动合同的比例较高。教育程度大学及以上群体女性未签订劳动合同的比例最低，为 3.09%。但大学及以上的男性群体未签订劳动合同的比例高于高中 / 职专男性群体——这可能是学历较高男性工作变动频率较大造成的。从性别角度来看，大学及以上的女性自我保护意识高于同学历男性群体，但对于其他学历水平而言，女性的劳动保护意识仍显著低于男性——受教育程度为小学以下的女性群体未签订劳动合同的比例高达 51.45%。

（三）年龄、文化程度与劳动者保障

综合比较未签订劳动合同人群的年龄与受教育程度，可以发现，36–45 岁受教育程度较高的群体中几乎不存在未签订劳动合同的个体。这是因为：一方面，文化水平较高的群体自我保护意识较强；另一方面，36–45 岁劳动者工作较稳定，更换工作的频率相对较低。受教育程度低的个体未签订劳动合同的比例普遍较高，说明教育有助于提高劳动者的自我保护意识。

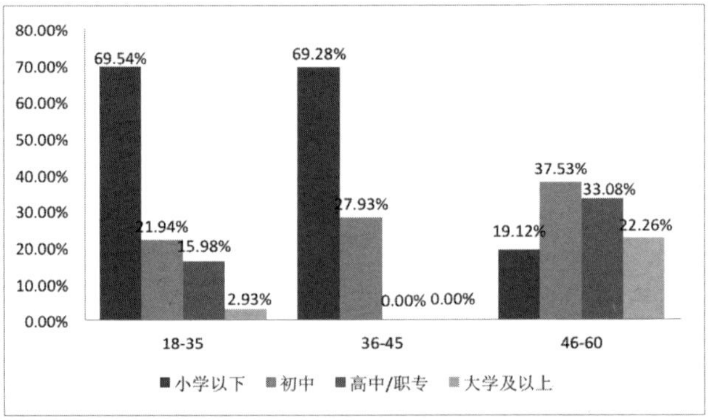

图 6-15　不同年龄段及文化程度人群未签订劳动合同比率

第二节 黄三角区域居民创业情况分析

一、居民创业参与度调查

（一）各年龄段创业次数

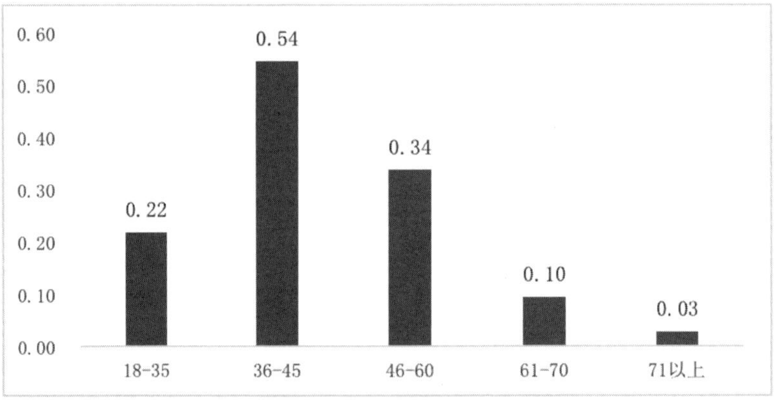

图 6-16　各年龄段创业次数

图 6-16 刻画了不同年龄群体的创业次数。其中，36-45 岁及 46-60 岁

群体平均创业次数较高，分别为 0.54 次和 0.34 次。高龄受访者的创业次数较少，60 岁以上的群体平均创业次数不足 0.1 次。这反映出随着经济的发展与社会观念的转变，中青年人群创业意愿较强。从另一方面说，也可能是中青年受经验、资金等各方面因素的限制，需通过多次创业积累能力，相对来说，而年长者一次创业持续的时间较长。

（二）不同文化程度创业次数

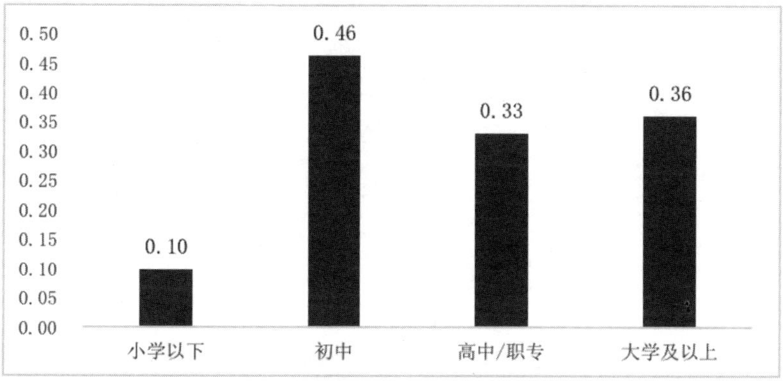

图 6-17　不同文化程度创业次数

通过比较不同文化程度的人群，可以发现，受教育程度为初中的群体平均创业次数最高，达到 0.46 次；排在第二位的是大学及以上文化程度的人群，平均创业 0.36 次；高中 / 职专文化程度的人群平均创业 0.33 次；小学及以下人群平均创业 0.1 次。这反映出小学及以下人群，受限于自身知识结构，能够实施创业的人数较少，但在劳动力市场处于劣势的初中文化程度人群创业意愿更强烈。

（三）年龄、性别与创业活动

由于党中央“大众创业、万众创新”的号召，参与创业的人口比例越来越高。图 6–18 列出了创业比率与年龄、性别之间的关系。尽管 46–60 岁女性创业比例略高于同龄男性，但从总体上看，男性创业比例显著高于女性——36–45 岁的男性群体创业比例达到 27.71%。从年龄上看，18–35

岁及 36–45 岁的中青年受访者是创业的主力军，创业比例达到二成左右，45–60 岁群体创业比例较小。

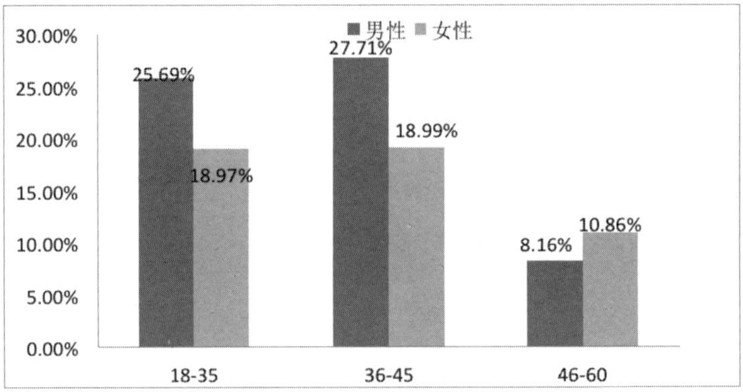

图 6–18　不同年龄段及性别人群创业比率

（四）文化程度、性别与创业活动

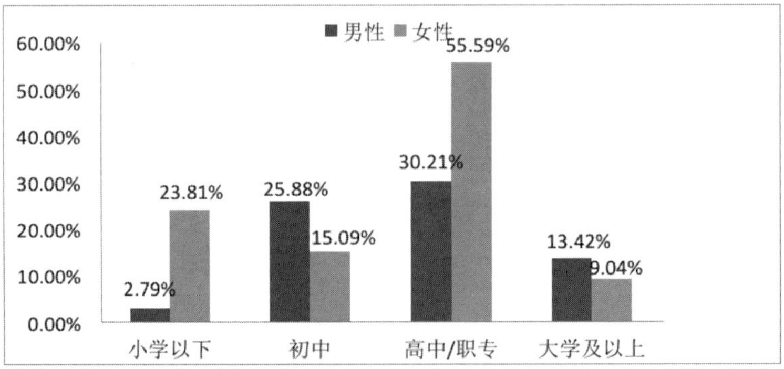

图 6–19 不同文化程度及性别人群创业比率

图 6–19 从受教育程度、性别两个维度描述不同群体的创业情况。受教育程度为大学及以上的群体创业比例最小，男性和女性分别为 13.42% 和 9.04%；学历为高中 / 职专的群体是创业的主要人群，女性群体创业比率高达 55.59%，男性创业比率为 30.21%；受教育程度为小学以下或初中的群体受文化程度的限制，创业比例较小。性别对创业比率的影响不大，

但从总体来看，女性创业比率略高于男性。

（五）文化程度、年龄与创业活动

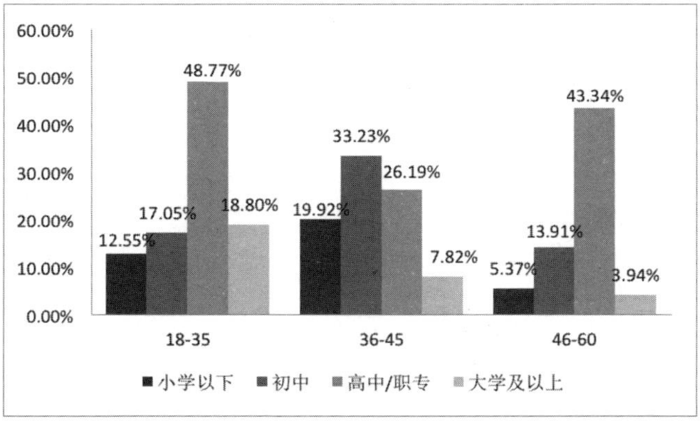

图 6-20　不同年龄段及文化程度人群创业比率

综合分析受访者的年龄与文化程度，比较各组别的创业比率，发现18–35 岁、受教育程度为高中 / 职专的群体创业比率最高，达到 48.77%。这个群体有一定的文化基础，且有足够的时间和精力投入创业活动。从受教育程度来看，小学以下的群体受制于较低的文化水平，缺乏创业所需的基本知识与技能；而大学及以上群体在就业市场上处于优势地位，能找到较为满意的工作，所以这两类群体的创业比率较小；教育程度为初中、高中 / 职专的群体是主要的创业人群。从年龄角度来看，18–35 岁及 36–45 岁群体创业比率较高，46–60 岁的中老年群体年龄偏大，创业比率较小。

二、创业指数分析

（一）居民的创业意愿

根据受访者对创业意愿相关问题的回答，量化评分，形成创业意愿指数。表 1–1 列出了性别与创业意愿相关的各项评价指数之间的关系。男性受访者的创业意愿显著高于女性。其中，男性在创业好处、创业吸引力、充分准备下的创业意愿及创业满足感方面的得分均高于 40。女性在这些方面的得分较低，说明女性较男性在创业方面较为保守。全体受访者的创业意愿平均指数为 39.09。这反映出大众对于创业较为认同，具有较强的潜在创业意愿。

表 6-1　创业意愿指数

创业意愿指数（100）			
性别	男性	女性	总体
创业好处	43.93	41.45	42.65
创业吸引力	42.40	36.51	39.37
充分具备下创业意愿	41.49	34.76	38.03
创业满足感	40.92	36.16	38.47
创业倾向	39.92	34.07	36.91
平均	41.73	36.59	39.09

（二）居民的创业能力

根据受访者对创业能力相关问题的回答，量化评分，形成创业能力指数。根据受访者对自身创业能力的各项问题的评价，男性创业能力各项指数的平均得分为 17.06，女性各项平均得分为 11.62。相对来说男性比女性对创业的各方面更自信，对创业细节、创业项目操作等方面的知识和能力储备更充分。受访者总体创业能力平均得分为 14.26 分，表明人们认为自身创业能力较低，相对于创业意愿，面临创业实践时，有能力实施的人较少。

表 6-2　创业能力指数

创业能力指数（满分 100 分）			
性别	男性	女性	总体
创业实施能力指数	17.18	11.74	14.38
个人创业准备指数	13.20	11.17	12.16
创业启动能力指数	17.40	11.07	14.15
创业细节了解指数	17.01	10.63	13.73
创业项目操作指数	17.86	10.51	14.08
创业成功率	19.69	14.57	17.06
平均	17.06	11.62	14.26

（三）创业筹备

表 6–3　创业筹备指数

创业筹备指数（满分 100 分）			
性别	男性	女性	总体
创业准备指数	14.64	7.77	11.11
创业目标指数	17.93	8.33	12.99
创业努力指数	23.63	16.01	19.71
未来创业指数	17.03	8.91	12.85
创业细节设想指数	20.81	28.42	16.15
终将创业指数	17.10	12.99	13.24
平均	18.52	13.74	14.34

根据受访者对创业筹备方面相关问题的回答，量化评分，形成创业筹备指数。女性在创业细节设计构想方面得分为 28.42，明显高于男性，但女性在其他四个方面的得分均低于男性。这说明男性对创业筹备更充分。通过综合分析，在创业筹备的各个方面男性平均得分为 18.52，女性平均得分为 13.74，全部受访者平均得分为 14.34。这表明人们对筹备创业不太热衷。比较表 6–1、表 6–2 与表 6–3 不难发现，人们对创业能力和创业筹备的各项评价较为一致，创业意愿得分明显高于创业能力及创业筹备得分。这说明有一部分群体有较强烈的创业意愿，但由于创业知识不足、资金短缺等原因，他们无法顺利开展创业活动。可以通过开办创业培训班、提供无息贷款、财政补贴等方式帮助有意愿的群体创业。

第三节　黄三角区域居民就业与创业活动的政策建议

（一）促进传统产业转型升级，引导劳动者转岗提质就业

失业是经济发展过程中的必然产物，也是社会公众普遍关注的问

题。针对 18 周岁以上受访者就业情况的调查表明，目前黄三角区域仍有 20.06% 的人口处于失业状态。其中农业失业比例为 10.99%，非农失业比例为 9.07%。失业人口比重较大会影响社会稳定及经济的良性发展，也严重阻碍构建和谐社会、统筹城乡发展等宏伟目标的实现。失业率是统筹城乡社会基本指标体系中重要的指标。[1]传统产业的衰落是失业比例上升的主要原因之一——在经济结构调整过程中，依靠大量资源和人力投入的传统行业逐渐没落。经济转型是我国在发展不可避免的阶段。针对这一现状，政府应鼓励传统企业不断向新型产业方向调整，构建高层次的科研平台，推动产业优化升级，通过技术研发、经营模式转变为企业发展提供新动力。同时，针对农村中大量的闲置人口，政府可以通过现代农业产业园的建设，促进一、二、三产业的融合发展，逐渐形成产销、贸工农一体化的农业产业链。这既有助于农村失业人口的再就业，同时还能促进农民收入和农产品附加值的上升。

此外，失业人员技能培训是再就业过程中的重要任务。政府应构建传统企业职工再就业技能培训制度，包括传统产业职工失业预警制度、再就业技能培训评价制度。通过整合培训资源，实施县级职业教育中心专项建设计划，并以此为基础构建县级职业教育网络，改善地区职业教育中心办学条件。其次，开展以政府为主导、形式多样的特色培训，针对不同产业、不同对象及不同岗位的失业人员，分别进行再就业技能培训。失业人员素质提高、技能培训及就业转移是关系到经济发展、地区稳定的大事，黄三角区域各市级、县级政府应逐步构建失业人员就业技能培训工作的长效机制，实现区域经济的持续快速发展。

（二）优化教育资源配置，提高资源利用率

黄三角区域文化程度与年收入情况的分析结果表明，受教育程度与受访者收入呈正相关关系。大学及以上学历受访者的年平均收入约为 7.11 万元，高中 / 职专学历受访者的年平均收入为 4.49 万元。相对的，教育程度

1　张守凤：《统筹城乡发展：评价监测与实践探索》，科学出版社 2016 年 12 月版，第 87 页。

为初中及小学以下的受访者收入较低，一方面是因为老龄人口主要集中于初中及小学及以下分组，老年人口工作能力差，拉低了这两组受访者收入均值，另一方面是因为教育在一定程度上提高了受访者的工作能力，增加了受访者的就业机会，对收入增加及生活改善有显著的促进作用。

“积财万千，不如薄技在手。”教育在促进就业、防止返贫等方面的作用是根本性的、持续性的。黄三角区域农业人口众多，促进教育资源均衡分配对提高人民生活水平、促进区域经济发展有重要意义。各级政府教育部门应当瞄准教育最薄弱区域，坚持资源向农村、边远、贫困及民族地区倾斜，不断改善办学条件，并加强教学和学校管理等软件建设。通过制定符合实际、经费到位的政策措施使每个学生接受优质教育，实现地区内教育资源优化配置。另一方面，政府应促进学校之间教育资源的共享，提高教育资源的利用效率。照本宣科的教学方式容易导致教学方法固化。通过分享课程资源、教学探索成果，能有效提高教师的教学水平，实现教育资源利用效率的提高。

（三）构建基层养老机构，加大农村养老支持力度

就业分析结果显示，在黄三角区域 60 岁以上人口中，农业失业比重和务农比例均较大，且“61–70”及“71 以上”年龄组年收入水平较低，仅为 6914.27 元和 8283.63 元。就业与收入的分析结果表明该地区 60 岁以上老人主要以农业劳动为生，且随着年龄增长，劳动能力的丧失造成了收入的大幅下降，从侧面反映出黄三角区域老年人口福利水平较低，生活缺乏保障。

针对黄三角区域老年人口保障问题，政府应加快构建社会基本保障体系，提高农村地区基础养老金水平。针对老年人群特点，将老年人群中易出现的慢性病治疗费、检查费等纳入“新农合”报销范围，并设立专项基金完善对重病老人、独居老人及失能老人的护理工作。同时，针对目前乡镇政府养老机构偏少、基础设施较差的现状，民政部门应增加对养老机构的资金支持，为养老机构配备相关设施，并对养老机构工作人员进行培训，帮助解决经营过程中的管理服务问题。基层政府应将工作重心向区域养老

问题转移，促进养老机构设置、服务中心建设及医疗中心的完善，监督政策的实施，提高农村老年人口的福利水平。

（四）加强创业知识培训，为创业者提供更多融资渠道

黄三角区域创业情况调查结果显示，受访者的创业意愿、创业筹备及创业指数较低，表明区域创业活力较弱。自中央提出“大众创业、万众创新”口号以来，各地广泛开展创业项目推广、技能培训等活动，但由于黄三角区域长期对农业生产、传统制造业的依赖，人们对创业活动的认可度较低，同时，受访者个体创业能力也较差。

创业对技术进步、制度创新及经济发展有重要意义。针对黄三角区域经济发展特点，政府应有计划地推进相关政策的实施，提高区域经济发展活力。首先，农民工返乡创业活动能有效促进农村经济发展，政府应加强对农民工创业知识的培训。目前，农民工在创业项目选择、市场运作及管理等方面的能力较弱，有关机构应通过创业培训增强农民工在行业分析、风险评估、产品更新、策略制定及市场开发等方面的知识储备，并利用创业实践活动切实提高农民工创业能力。其次，由于创业者经济实力较差，他们往往在融资过程面临许多难题。为解决农民工创业过程中的资金匮乏的问题，政府可以建立区域创业基金，为创业者提供充足的创业启动资金。同时，政府可做创业企业融资担保者，在银行和企业之间构建联络机制，帮助企业获得更多的资金支持。

/ 第七章 /

黄三角区域军民融合的探索：以东营为例

侯麟科　张蕾　蔡毅翔[1]

第一节 军民融合建设的发展基础

东营市在军民融合产业发展、基础设施融合建设、军地科技创新、军地人才培养等各方面，开展了大量卓有成效的工作，并取得了突出成绩，为全市军民融合深度发展奠定坚实的基础。

一、军民融合经济基础雄厚

东营市地理区位条件优越，是两大国家战略经济区——山东半岛蓝色经济区和黄河三角洲高效生态经济区交汇所在城市。东营市军民融合经济实力雄厚，广饶、垦利进入全国工业百强县，东营区进入全国综合实力百强区，河口、利津发展取得新突破。“十二五”期间，全市生产总值、规模以上工业主营业务收入、公共财政预算收入分别达到3450.6亿元、1.3万亿元、220.1亿元，年均增长10.6%、16.8%、16%，人均地区生产总值、人均财力居全国地级市前列。主营业务收入过百亿企业达到32家，在山东百强企业中，东营市占22%。固定资产投资累计完成1.2万亿元，是“十一五”

1　侯麟科，山东大学山东发展研究院副教授、博士、博士生导师；张蕾，山东大学基建部工程师；蔡毅翔，山东大学经济研究院硕士研究生。

的2.5倍。金融机构各项存款余额3683.5亿元、贷款余额3031.2亿元，分别是2010年的2.4倍和2.6倍。经济较快增长，综合实力迈上一个大台阶，为军民深度融合发展提供了强劲保障。

二、军民融合产业条件优越

东营市土地、石油、天然气等自然资源丰富，军民融合产业实力雄厚。“十二五”期间产业转方式、调结构取得新进展，三次产业结构由3.7 ∶ 72.6 ∶ 23.7调整为3.4 ∶ 64.7 ∶ 31.9。农业基础地位进一步巩固，新型工业化积极推进，高新技术产业和装备制造业年均增速高于规模以上工业，高新技术产业比重提高9.7个百分点。服务业有了跨越发展，增加值年均增长10.6%，增幅位居全省前列。产业结构的整体优化为推进军民深度融合发展提供了有利条件。

东营市军民融合产业涉及多个领域，部分行业军民融合潜力巨大。石油化工、石油装备、橡胶轮胎等传统优势产业已应用于军工产品的生产制造；新能源、电子信息、软件外包、汽车及零部件等新兴产业研制的产品，已为军队防护服装的制作、军用物资的生产做出巨大贡献。信义集团、万圣博科技公司、半球纺织公司等全市科技型企业在军品的研发和制造方面为军队提供了广泛的技术保障。

三、军民融合基础设施完善

东营市作为“黄蓝战略”主战场，基础设施建设稳步推进，在发展经济的同时全方位兼顾军事需求。公路、铁路、港口、机场、能源等基础设施建设，为新时期军事斗争准备提供了有力支撑。全市等级公路通车里程达到9040公里。东营港现有生产性泊位56个，靠泊能力、港口吞吐能力大幅提升，防潮堤已建成投用。广利港总体规划获批，疏港道路竣工通车。胜利机场调整优化航线、扩建跑道，可满足战时军用飞机需求。德大铁路、寿平铁路、济东高速公路已建成通车，黄大铁路、淄东铁路已扩能改造，东营港疏港铁路已顺利建设，专门预留了可满足军事需求的铁路场站。油气管道和石油储备设施建设顺利实施。山东电网油城、黄河输变电工程、胜利电厂三期工程建成投用，大唐东营电厂、垦东输变电工程开工建设。

四、军地科技创新资源丰富

东营市利用全市丰富的军地融合科技创新资源，设立军民结合产业科技成果转化专项，坚持推进国防科技和民用科技的转型对接和互动发展。科技园区建设扎实推进，创建石油装备产业国家高新区取得阶段性成果，省级高新区建设格局成功调整，国家农高区建设顺利。科技服务体系逐步完善，科技孵化设施建设成效显著，成果转化渠道进一步畅通。高新技术产业主体进一步壮大，项目带动作用充分发挥。东营市组织实施省级以上科技计划项目 68 项，突破一批关键共性技术难题。市科技局先后研发“高炮野战隐形帐篷”“野战宣传车”“超长时车载保温箱”，为部队官兵野外高效训练做出巨大贡献。

五、军地人才培养体系完备

东营市把军用人才培养纳入全市中长期人才发展规划，依托党校、高校和新型培训学习机构等国民教育体系，加大军用人才培养和引进社会高层次人才，拓宽军地之间人才兼容、储备和交流的渠道，为国防和军队现代化建设提供了有力的人才和智力支持。国防人力资源得以充分开发，油地军校四方联合发力。东营市实施了“黄蓝国家战略”产业人才支撑计划，着力培养军民两用专业人才。东营市深化落实军地干部交叉培训制度，充分利用市、县两级党校培训平台，积极培育干部融合发展意识，逐步壮大军地人才培养体系。东营市逐步优化军地人才结构，培养储备素质优良的人才队伍，坚持应急机动作战部队和战略预备队优先储备。

第二节 军民融合建设总体思路

一、指导思想

东营市高举中国特色社会主义伟大旗帜，全面贯彻党的十八大、十八届三中全会、十八届四中全会、十八届五中全会、十八届六中全会和十九大精神，以马克思列宁主义、毛泽东思想、邓小平理论、“三个代表”重要思想、科学发展观、习近平新时代中国特色社会主义思想为指导，深入贯彻习近平总书记关于推动军民融合深度发展的重要论述，按照“四个全面”战略布局，坚持发展第一要务，坚持实现富国强军为目标，以创新、协调、绿色、开放、共享五大发展理念为引领，以军民融合重大项目为抓手，围绕构建军民融合产业发展体系，加快军地共享基础设施、军地科技创新融合和军地人才培养体系建设，提升军队保障社会化水平和军地应急动员能力，推进形成“一核两带三基地”的军民融合产业布局，努力形成全要素、多领域、高效益的军民深度融合发展格局，积极打造军民融合示范市。

二、基本原则

统一领导，市场推动。为使得军民融合深度发展，必须坚持统一领导、军地共建，强化军民融合意识，改变重有形轻无形、重硬件轻软件、重要素轻体系的观念和做法。同时，充分发挥市场在军地资源配置中的重要作用，建立完善有效的市场运行机制，分工合作，各司其职。

需求对接，统筹规划。降低“民参军”和“军转民”的综合成本，激励多元力量、优质资源服务军队建设，实现经济效益、国防效益、社会效益最大化。走中国特色军民融合发展路子，推动军事需求与社会供给相互对接，坚持以适应驻军建设、保障部队需求为牵引，统筹各类优势融合产业发展。

改革创新，资源共享。针对影响军民融合的体制性障碍、结构性矛盾和政策性问题，积极探索军建民用、民建军用、军民共建共用等多种融合模式，促进经济领域和国防领域科技成果、人才、资金、信息等要素交流融合，提高军地资源共享共用程度和综合利用效益。

项目带动，重点推进。围绕重大基础设施共建共享、军队保障社会化、军队人才培养、军民产业融合发展、紧急事件反应处理能力等各方面，重点部署一批军民融合重大工程项目，组织一批关键技术人才联合攻关，推进军民融合人才培养，着力提高军民融合发展质量和效益，促进区域军民深度融合发展。

第三节 军民融合产业发展体系

东营市着力推进需求对接、技术互动，大力发展军民融合优势产业，培育发展军民融合新兴产业、突破发展军民融合服务产业，储备实施一批优质项目，夯实军民融合产业发展基础，推动提高各个产业服务军队的能力和水平，构建互为依存、协同共进的军民融合产业发展体系。

一、大力发展军民融合优势产业

（一）化工产业

东营市化工产业以绿色化、精细化和集约化为目标，推动完成化工产业由污到绿、由重到轻、由散到聚、由量到质的转变，打造军民两用的化工产业聚集带。东营市坚持开放合作，加快高端化工材料研发，实现向质量效益型化工产业转变，形成军民融合深度发展的新局面。东营市鼓励企业运用新工艺、新技术，重点发展军事急需的专用合成材料、化工新材料及其关键原料、新型专用化学品等高端石化产品，重点加强烯烃、烷烃、芳烃等下游产品的深度开发。

东营市重点加强与国有大型石化企业的合作，整合现有石化企业，着力培育完善以高附加值聚合物为重点的丙烯产业链、以高端合成橡胶为重点的碳四烯烃产业链、以新型特种聚酯为重点的芳烃产业链，初步形成以化工新材料、高端专用化学品为主体的高端石化产业。在盐化行业，东营市控制基础烧碱规模，加快岩盐资源的勘探开发，通过对盐卤和海水资源的利用，推进石化、盐化相结合，实现循环发展。

东营市加大重大项目引进力度，鼓励企业调整产品结构，重点发展满足军队需求的高附加值、环境友好型的有机化工新材料及精细化工产品。东营市支持发展氟硅材料、工程塑料、特种纤维、功能高分子、膜材料等新材料和电子化学品、环保型塑料添加剂等新型专用化学品。东营市倡导绿色发展，加强环境监管，完成三废防治的强化和节能技术改造的实施。

（二）高端装备制造产业

东营市按照“市场主导、创新突破、引领产业”的发展思路，对核心高端装备制造技术进行前瞻布局，重点推动装备制造过程数控化、智能化与管理信息化发展，提升石油和天然气的勘探、开采、集输等各环节装备水平，培育发展海洋钻井平台及配套设备、智能钻机、连续油管、成像测井仪器、电潜螺杆泵等高附加值产品，形成世界一流的集研发、制造、服务于一体的石油装备高端产业链。

东营市通过鼓励以科瑞集团、嘉扬精密金属公司、海森密封公司为代表的大中小企业开展多种形式的经济技术合作，攻克一批亟，急需的共性核心技术。东营市鼓励发展海洋工程装备、数控机床、轨道交通装备、三维打印设备、智能装备及其配套感知、决策、传动、执行部件和装置，使具有自主知识产权的智能控制系统、智能仪表、精密仪器等核心智能功能零部件得以发展，初步形成了系列化高端装备军工配套产业体系。

高端装备技术研发攻关能力不断提升。东营市依托研发能力较强、技术基础较好的重点企业，使企业技术研发机构建设速度加快，通过鼓励企业与高校、科研机构合作，开展高端装备领域的共性与关键技术研发，建设完成了公共技术服务平台。

（三）橡胶轮胎产业

东营市以打造高技术、高附加值产品的产业集聚区为目标，依托龙头企业的带动效应，引导橡胶产业进行结构调整，使军民两用高端轮胎产品得到大力发展。东营市通过鼓励企业加强与军事科研院所的联系，加大核心技术创新力度，重点突破满足军队要求的巨型全钢工程子午胎生产技术，废旧轮胎综合利用技术，以及绿色环保复合型防老剂、促进剂生产技术，推广应用低温连续混炼、氮气硫化等先进工艺技术，研制开发低断面、绿色环保半钢子午胎和补强作用更高的白炭黑新品种，推动橡胶轮胎产业关键技术升级。

东营市推进兼并重组和产能整合，提高产业集中度，不断调整产品结构，逐步控制低档轮胎产能规模，大力开发适用于军方的巨型工程子午线轮胎、雪地胎、节油轮胎、缺气保用轮胎、航空轮胎，以及安全、智能和特种轮胎等特种产品和高端产品。东营市加大鼓励集聚发展丁苯橡胶、顺丁橡胶、丁腈橡胶、氯丁橡胶等配套原材料的力度，打造出以轮胎生产为中心，集合成橡胶、钢帘线、橡胶助剂、轮胎胶囊、模具、硫化机等于一体的完整产业链条。

东营市鼓励龙头和骨干企业建立海外生产基地，推动设立研发中心，完成境外注册商标，保护知识产权，提升在国际市场上的知名度。东营市积极引导轮胎出口企业开拓新市场，使市场更为多元化。东营市通过对出口轮胎质量安全示范区建设的加强，推进产品系列化、品牌化建设，提高产品质量稳定性及产品寿命，品牌影响力不断提升，龙头企业已成为军方指定采购商。

（四）汽车及零部件产业

东营市面向军民融合深度发展新形势，依托吉海新能源汽车等一批龙头企业，瞄准大型、高端、深水、国际的目标，以技术研发和自主创新为突破，按照“培育龙头、做专做强”的发展方向，以结构调整为主线，加大资产重组和优化配置力度，整合行业优势资源，推动汽车工业实现高端化发展，使军用高端配件、专用车辆、新能源汽车等产品占比大幅度增加，东营在全国汽车及零部件市场的影响力进一步提高。

东营市依托车轮、刹车片、轮毂、变速箱等产业基础优势，重点发展车身稳定、悬架控制、驱动防滑控制、车身总线、数字化仪表制造等技术，使关键技术的消化、吸收和再创新不断加快；大力发展发动机、制动系统零部件、行驶系统总成及零部件、精密配件等四大类汽车总成零部件产品，加快引进汽车制动材料、车桥、汽车内饰等配件企业；稳步推进整车和专用车发展，加快引进和发展适用于军方的重型汽车、工程作业类改装车辆等；加强与相关科研院所合作，推进纯电动汽车及混合电动汽车的研发和产业化；密切跟踪锂离子动力电池与燃料电池及其他先进技术的发展突破，不断推进充电设备、检测设备等配套产业的建设，形成完整的汽车及零部件产业链条，进一步提高区域特色产业集群的品牌影响力。

（四）有色金属产业

东营市通过参与军队建设，提高产品性能，完善质量标准体系，以军方的高标准着力加大以铜为主的有色金属材料的开发和建设，打造新型金属材料产业链。东营市面向航天、航海需求，鼓励和引导企业研制高端军用有色金属深加工产品和新型合金材料，加快推进高性能军用铜材、铝材等高精尖产品关键技术的研发和产业化，重点支持压延铜箔、高精度铜、铁路电气化用异型铜导线、铝箔、新型铝材等军事产品。东营市深入推广应用环保冶炼和精深加工新技术、新工艺、新装备，重点推进阳极泥稀贵金属、废杂铜拆解和有价元素等综合回收利用项目。

东营市鼓励企业开展技术研发、工业协同设计、信息咨询、现代物流等生产性服务业。东营市以龙头企业为依托，以行业公共技术服务平台建设为抓手，不断加强产学研合作和技术创新，提升产业发展水平。东营市引导龙头企业通过项目合作、专利转让、兼并重组等方式，实现辐射带动产业转型发展。东营市鼓励和引导企业充分利用信息技术，联合建立统一采购平台，使采购成本不断降低，原料保障能力得到提升；鼓励和引导企业积极开展电子商务，加快建立期货交易市场，完成东营市有色金属传统贸易向现代电子购销转型。

二、培育发展军民融合新兴产业

（一）新一代信息技术产业

东营市按照“突出特色、融合发展、布局新兴”的发展思路，进一步加大信息技术在传统产业和军事领域中的应用，着力促进信息技术与传统产业的融合，抢位布局新兴业态，利用物联网、大数据和云计算相关技术和装备，建设完成军民共享的多功能信息网络体系。东营市重点发展新型电力电子元器件、高端软件等产业，加快重要基础设施智能化、数字化改造，不断提升软件服务、网络增值服务等信息服务能力，为军民融合和产业发展提供有力支撑。

东营市充分利用现有产业基础和优势，进一步发展壮大特种电子陶瓷粉体材料，提升 LED 产业发展水平，推动以功率半导体为代表的电力电子器件的研发和产业化，积极发展汽车电子中的动力传动电子控制系统、底盘电子控制系统、汽车传感器、执行器、高性能 ECU 等产品。加大石油化工、石油装备、橡胶轮胎、有色金属等行业电子商务平台和社区电子商务平台建设，重点培育一批在国内领先的石化行业应用软件企业，着力发展信息技术服务业。

1. 新型电力电子元器件。东营市重点发展薄膜半导体电池制造业，大力支持激光雷达、红外成像设备、雷达整机及信号处理模块产品的研究开发，推进 IGBT(绝缘栅双极型晶体管) 新型功率半导体、精密电子组件 (手机板)、光伏太阳能电池等项目的建设，在新型片式元器件、敏感元件与传感器、光电子器件、电力电子器件、电声器件等民用和军用两用电子元器件领域都形成一定的特色和优势。

2. 集成电路。东营市加快建设大尺寸集成电路芯片制造生产线，逐步完善半导体材料、封装、测试等集成电路产业链。重点发展 LED 芯片及封装制造设备、中小尺寸 LED 液晶背光模组，重点研发 LED 光电显示背光技术、LED 芯片制造、封装等核心设备制造技术、外延芯片衬底技术，重点推进集成通信线路、工业控制、汽车电子、信息安全和其他应用等领域的发展，在 CPU(中央处理器)、DSP(数字信号处理器)、MCU(微控制器)、移动通信芯片等关键领域取得一定的突破。

3. 高端软件。东营市依托东营软件园和现有重点企业，重点围绕石油行业和制造业信息化，着力发展为油田、化工、橡胶轮胎等企业提供两化融合解决方案、技术服务或信息系统的应用软件、嵌入式软件、安全基础软件。东营市积极推进文化、出版、广播影视等行业发展数字化产品，促进物联网、云计算的研发和示范应用，着力发展行业应用软件及信息技术服务。积极探索云计算、物联网、大数据等技术在重点工业、城市管理、市政交通和国防建设等领域的应用。

（二）新材料产业

东营市以传统材料产业转型升级和新兴材料产业发展为抓手，围绕高性能纤维、电子信息材料、先进复合材料、先进结构材料、新型功能材料、纳米材料，以山东万圣博科技股份有限公司等龙头骨干企业为依托，重点发展高强度纤维、阻燃材料等军用装备材料以及特种绝缘材料、高强度防弹纤维等军用功能材料，加快先进新材料制备关键技术突破及装备研制和市场推广应用，提高服务军队高端装备制造与维修能力。

东营市要在关键战略新材料领域和基础先进材料领域形成多个主打产品，加快建成新材料研发、实验和产业化生态体系。在非金属材料领域，东营市支持碳纤维、玻璃纤维、超高分子量聚乙烯纤维等特种纤维及其复合材料的研究开发，培育有机硅材料、陶瓷新材料等产业集群；在金属材料领域，围绕轻质、高性能金属材料的开发利用，成功培育镁合金及制品、粉末冶金、电子基础材料产业集群。围绕新型电子陶瓷材料、多晶硅材料、有机氟材料、高性能摩擦材料等制造工艺技术，东营市在新型功能材料、先进结构材料、高性能复合材料、纳米材料等领域部署一批科研项目。在石墨烯等前沿材料领域，东营市在储能、手机屏、防腐等领域推进实施一批重大产业化项目。山东欧铂新材料有限公司于 2017 年成功建设 300 吨 / 年的石墨烯改性超级活性炭生产线，打破国外的技术垄断，实现超级活性炭的国产化。

（三）新医药与生物产业

东营市抓住生物技术产业发展的战略机遇期，加强基础和应用研究，推进中药现代化升级改造，加快在生物加工优化技术、生物工程下游技术、传统发酵产品优化升级技术等方面实现突破，形成一批重大创新药物和技术，大大提高地方对军队卫勤保障和特需药品制剂的供给服务能力。

东营市以占领中成药、生物制药、生物工程等高端行业分支的市场先机为目标，扶持和鼓励企业加大对军队特需药品制剂的研发投入。东营市加快推进中药现代化和中药新药创制，研制出一批具有自主知识产权的现代中药，其中重点针对糖尿病、抗感染等药物以及野战紧急救助非医护人员自动注药技术的开发进行加强。东营市支持一批重点企业与军事院所、高等院校联合，大力开发治疗肿瘤、心脑血管、糖尿病、神经退行病、自身免疫性疾病等重大疑难疾病的创新药物。东营市加快在生物加工优化技术、生物工程下游技术、传统发酵产品优化升级技术等方面实现突破，推进生物技术产业化。

（四）新能源产业

东营市积极推广新能源和节能环保产业在军事领域的应用，重点研发推广太阳能光伏发电、风能发电、生物质能综合利用及新型储能产品关键技术，培育可再生能源利用产业集群。

东营市迅速推广太阳能热利用技术应用，重点推进光伏发电项目，积极推动硅光伏电池、太阳能电池组件、太阳能蓄能电池产业的发展，以提升野战部队野外能源配给能力。东营市重点在滩涂和浅海布局风电项目，加快推进广饶、利津、河口生物质发电项目。东营市突出发展风能装备制造、新工艺多晶硅、LED 封装和太阳能利用装备制造、新能源汽车整车及关键零部件生产制造、地热能装备制造和再生型能源装备制造。东营市支持开发生物质能，加快新能源转化利用核心设备的研发生产，初步建设出适应新能源发展的智能电网及运行体系。

（五）海洋产业

东营市围绕落实国家海洋强国战略，坚持陆海统筹，由陆及海、梯次推进，重点发展海洋油气开发装备制造、海洋功能生物资源利用、海水综合利用等海洋新兴产业。东营市依托胜鑫防腐公司先进工艺技术，积极发展耐盐、防腐、防生物附着、阻垢技术及装备制造技术等先进技术在海、陆、空三军的现代化装备上的推广应用。东营市依托科瑞集团、海鑫石油装备公司先进技术，大力发展钻井平台、大型钻机、海洋工程船、海洋仪器等产品。

东营市以“海上粮仓”为抓手，大力发展海洋生物产业，充分利用黄河入海口及渤海湾丰富的鱼虾藻贝类等生物物种资源，初步开发出一批拥有自主知识产权的海洋药物、海洋生物酶、生物分子材料、功能食品、海洋保健品等核心产品，提高军队生活物资补给能力。东营市积极发展以海水提取溴、镁等为主的海水淡化及海水综合利用工程，通过鼓励发展集成、开发和应用海水直接利用的预处理技术，加强海水处理药剂的研究，研发出海水冷却塔等成套装备。东营市的海洋运输、滨海旅游、涉海商务等服务业都得到一定程度上的培育和发展。

三、突破发展军民融合服务产业

（一）物流产业

东营市充分考虑军队物资保障需求，结合军队后方仓库部署情况，统筹安排军民两用物流建设，在驻军相对集中区域，建设仓储物流基地。东营市协调物资生产、采购、仓储、运输等各环节，构建科学合理的军地仓储设施网络，加快推动铁路物流园建设，建立起完整的军民一体化物流组织体系和现代物流运行机制。东营市加强军地合理分工、沟通协调，施行平时“有偿代储军队物资，战时动员征用”的策略，担负军用物资应急储供保障任务，保障军民两用物流体系高效实现平战转换、资源共享。

东营市紧紧围绕全力实施“黄蓝国家战略”、调整优化结构的要求，以推动军民融合发展为目标，以东营港、空港、广利港等物流园区为依托，以物流园区经营为先导，以交通运输业为基础，以交通装备等产业链物流和特色商贸物流为主导，整合物流资源，统筹国家和军队能源战略物资储备，推动建设大型能源储备基地，完成军地通用物资配送基地的建设。

（二）航空服务业

东营市依托东营空港产业区、东营胜利机场及中国商飞民机试飞中心东营基地，建设军民两用飞机维修、改装、喷涂及备件仓库、培训等设施，积极开展飞机销售、维修保养、航材保障、飞行员培训等服务，打造“飞机 4S 店”。东营市建设完善航空物流基础设施，搭建与航空物流发展相匹配的物流功能平台、信息平台、商务支持平台，为航空运输与物流企业提供信息交换、金融、清关等一站式服务，提高客货通关能力。东营市积极发展农林防护、资源勘测、私人商务、休闲观光等通用航空产业，建设环渤海地区通用航空服务中心。

（三）红色旅游业

东营市发挥黄河口生态、文化、海洋等特色资源优势，深挖革命事迹，重建革命遗址，将参与性、娱乐性与国防教育紧密结合，建设红色文化、石油文化和海洋文化紧密融合的特色文化旅游业。东营市实施重点景区提升工程，加强核心景区建设和旅游特色产品设计，扩大“黄河入海”旅游形象品牌影响力，5A 级景区的创建得到不断推进，逐步打造出全国知名的生态旅游目的地。东营市鼓励旅游公共服务主体多元化，支持民营和中小旅游企业发展，一批有竞争力的大型旅游企业集团得以发展。

第四节　军地共享基础设施体系

东营市加强军地共用重大基础设施建设规划衔接，重点在交通运输、信息网络、仓储物流、营区市政、人民防空等领域突出共建共享，构建军民融合基础设施支撑体系。

一、统筹军地交通基础设施建设

东营市统筹军地双重需求，构建铁路、公路、水路、航空复合运输、顺畅高效、平战结合的立体交通网络体系。黄大铁路、淄东铁路扩能改造、东营港疏港铁路建设稳步进行，京沪高铁第二通道、环渤海高速铁路、济南－滨州－东营－潍坊滨海高铁等高速铁路建设持续加速，铁路物流等专用线迅速建设。东营市立足战时支前运送人员和军用物资需求，在主要铁路线站点设立专用军用物资装卸点。

长深高速公路广饶段不断得以建设并西延至济南机场，长深高速公路东营至青州段得以拓展改造，环渤海高速公路建设加快推进，对外通道得以重点建设，对外通道运输能力得以扩大。同时，东营市加强公路与其他运输方式的衔接，发挥公路在军备物资运输中覆盖面广、便捷快速、安全高效的作用。

东营市持续实施东营港区扩建工程，建成区域性中心港。东营市加快推进广利港区建设，形成以商港为主体、军民两用的多功能港口。东营市完善东营港区、广利港区配套设施与集疏运系统，预留建设水上运送码头的条件，深化与西部口岸合作，促进海上丝绸之路向中西部地区拓展。

东营市加强东营胜利机场基础设施建设，使机场服务功能不断完善提升，将机场建成区域性中心空港。东营市配套建设国产大飞机试飞基地和综合交通枢纽场站，完善集疏运系统。东营市改扩建垦利通用机场，推动新建黄河口、东营南、河口、利津、广饶、垦东通用机场，投入建设通航机场、飞机维修点或直升机停机坪并预置军事功能。

二、统筹军地信息基础设施建设

按照“民用与军用一体、平时与战时衔接、经济与战备兼容”的要求，东营市在重大信息基础设施建设中统筹考虑军事需求，广泛开展信息基础设施领域军民合建共用。

东营市以宽带普及提速和网络融合为重点，推进与东营军分区等部队单位开展光缆和管道共建，积极推动基站、管线等基础性资源共建共享，建成全面覆盖的平均接入速率 20 兆 / 秒的高速网络。东营市以规模化、集约化、节能化、绿色化为导向，提高信息集散中心和通信网络交换枢纽建设水平，积极谋划大数据中心、数字证书认证中心建设。东营市深化与部队业务合作，重点开展语音、数据、短信等各类信息系统的开发建设，加强信息安全监控、密码保障、容灾备份等基础设施建设，强化互联网安全管理。东营市加强地方与军队在气象、测绘地理、无线电管理等领域的合作共享，构建起军民共享、广域覆盖、高效运行的空间信息应用基础设施平台，推动空间信息情报军地一体化建设。

三、统筹军地市政基础设施建设

东营市按照“军地一体、统筹规划、建用并举、注重实效”原则，结合市政建设规划，充分对接驻东营部队市政设施建设需求，推动形成军地共建水电气热设施保障体系。市政供（排）水、供电、供气、供热企业与驻东营部队沟通协调与服务保障制度得到进一步的完善，市属相关部门具体责任得到落实，保障部队配套建设改造的市政设施项目得到免征城市基础设施建设配套费等必要支持。东营市坚持推动军地能源基础设施共建共享，创新军地能源储备方式，依托胜利油田，实现油地军能源动态储备和有序轮换。军地共建能源设施布局不断优化，能源供应平战转换能力得以增强。东营市不断完善市域基础设施建设，对接部队安全需求的制度机制，根据军事设施保护细则和标准，在相关建设领域严格遵循军事设施保护要求。

四、统筹军地人防基础设施建设

东营市不断加强人防专项规划与城市总体规划、地下空间开发利用、各类地下管线、道路交通等专项规划的融合力度，全面落实人民防空防护要求，推动城市建设与城市防空建设融合发展。东营市优化对国计民生、战备潜力有重大影响的重要经济目标建设布局，明确重要经济目标综合防护建设标准，统筹考虑重要经济目标防震、防爆、防火方面的综合防灾力量的管理使用，重要经济目标综合防护能力持续提高。

东营市研究制定城市水源、供水、供电、供气、交通、信息等基础设施建设防护管理办法，配套建设城市中心区、人员密集区、商业繁华区和重要经济目标毗邻区等重要区位人防工程设施。东营市结合城市规划编制完成人防疏散体系建设规划，建立健全疏散地域建设机制，形成城乡共建、对口联建的疏散基地建设格局。东营市遵循绿色共享、平战结合理念，统筹人防指挥机构、场所和信息化技术手段建设，建立了指挥、预警信息基础设施共用机制，构建了城市综合防护体系。

五、统筹军地海防基础设施建设

东营市兼顾海上军事安全和沿海地区经济社会发展需要，持续加大海岸线海防基础设施布局建设力度，在重点海域统筹建设海防监控站点，不断扩大海防监控覆盖面积。东营市逐步提升海防设施信息系统，不断加快对接全省海洋信息监测预警系统和民用船舶观测信息系统，实现了军警民信息的互联互通和全海域覆盖。东营市统筹海上应战应急资源，全面升级海上执法、通信、预警、应急救援等应战应急装备系统，逐步构建起现代高技术海防侦观系统和防空系统，不断提升海防设施装备保障水平。

第五节 军地科技创新融合体系

东营市加强行业共性技术平台的军民共建，促进产学研军民合作开发。在更广范围、更高层次和更深程度上，将军事技术创新体系纳入国家科技创新体系，最终实现“军转民”和“民参军”互补协调发展，促成军民融合新动力。

一、促进军地科研资源共享

东营市以“一核、两带、三基地”为依托，不断加大国防科研平台向民口单位的开放力度。东营市围绕骨干企业“四个一”工程，支持引导企业通过战略合作、科技创新，与军地科研机构共享技术规范。东营市构建军民技术仪器设备资源多环节共享制度，整合区域科学仪器设备资源，建设大型科学仪器设备协作公用网，促进研发创新服务资源的开放共享。东营市支持企业通过参与重大国防工程和设施建设，引进先进军民两用技术。东营市有效破除军地壁垒，在做好保密工作的前提下，使国防科技领域长期积淀的优质创新资源和技术，加速向民用领域开放共享。着力解决在军地资源共享上重复引进、重复建设、利用率不高等问题。东营市按照军地兼容、分类管理和安全保密的基本要求，搭建种类多样、功能全面和双向流动的军地资源共享共用平台。

二、搭建军地科技创新交流平台

东营市积极搭建军民两用技术创新平台。东营市支持军民融合重点产业领域的企业建设重点实验室、工程实验室、工程研究中心等研发机构。东营市鼓励以骨干企业为依托，联合相关高校和国防科研单位组建产业技术研究院、产业技术创新战略联盟，针对军民产业共性关键技术开展协同创新，支持在新能源、新材料、生物医药、智能装备等新兴产业领域布局建设一批军民融合研发平台。东营市支持东营市现有重点实验室、国家级工程技术研究中心等优势科技创新资源面向军事科研任务开放，鼓励有条件的企业创建国防装备动员基地，通过军地科技合作，构建高水平创新平台。

三、支持军民融合科研项目协同研发

东营市发挥山东半岛蓝色经济区和黄三角高效生态经济区两大主体功能区的作用，支持民营企业参与军用特种新材料、军用电子技术及装备器材、先进制造技术和军用装备、航空航天配套技术和产品等优势领域重点项目的实施。东营市促进军队科研院所与民营企业合作，将自身优势与区域优势结合，通过联合开发、新建企业、专业重组、资本融合等方式，落地一批军民融合重大项目，抢占科技制高点，推进国防科技对民用科技的带动作用。东营市制订了军民融合科技创新指导目录，推动全社会优势科研资源向军民融合领域集聚，不断突破事关国防和经济命脉的关键科技，使科技成果的高效转化和集约利用效率持续加速。

四、推动军地科技成果优化配置

东营市搭建军民科技融合信息服务平台，积极引进具有开放条件的国防专利成果，凭借国家科技服务创新体系试点的优势，探索加快推进国防科技成果转化为现实生产力的能力。东营市推动建立国防科技成果知识产权管理、解密、分配的改革试点，在确保国防安全和国家利益不受损害的基础上，积极推动国防知识产权的民用化。东营市加快推进军民标准通用化工程，以及军用标准与民用标准的匹配与协调。东营市保障并体现参与各方以专利为代表的输出价值，使得相应的创收能够惠及价值的输出方，形成激励效应，最大限度地保证融合的可持续性。

第六节 军队保障社会化体系

东营市推进军队后勤保障社会化，促进军队保障与社会资源相衔接。东营市充分利用市场资源，借助社会力量，把一些担负非军事职能的保障机构交给地方，精减担负军事职能的保障机构，提高保障效益。

一、促进军地饮食保障社会化

东营市完善军粮供应体制，激发军供发展活力，适应市场化军粮供应工作。东营市搭建了既符合军队保密要求，又适合军供企业发展特点的信息交流和共享平台，对接部队需求。对承担部队社会化后勤保障的相关企、事业单位，东营市实行优惠信贷、免收税费、财政补贴等扶持政策，拓宽军民融合深度发展新领域。东营市加快实施“海上粮仓”及“菜篮子”惠民工程，依托粮食高产创建工程和生态畜牧提升工程，提高后勤保障本地综合生产能力。东营市引导现代农业园区与部队合作，提升部队餐饮后勤保障水平。在大力实施品牌战略的基础上，东营市立足区位优势和产业特色，提高军地后勤保障多样化水平。

二、完善军地医疗卫生资源共享机制

东营市完善军地医疗卫生资源共享机制，扩大双向开放，强化对军地医疗机构的规划布局。东营市健全了关于突发事件卫生应急军地协调联动

机制，使卫生应急保障能力不断增强。东营市将军人健康档案纳入“智慧健康”“智慧社保”的建设中，建立并完善了健康信息大数据库。东营市实施军地合作，规划建设市立中医院、市传染病医院、市精神卫生中心等重点专科医疗机构。

三、深化军队住房制度改革

东营市实行住房补贴制度，提高军队人员购买住房的经济能力。东营市将家属生活区划分为公寓区和售房区，扩大现有住房出售。东营市大搞经济适用住房建设，拓宽向军队人员出售住房的路子。东营市推进住房社会化管理，减轻军队住房保障负担。东营市采取军队保障与社会保障相结合、公寓住房与自有住房相结合、实物供应与货币分配相结合的方式，对不同职级、不同类别的人员，实行相应的住房保障。

四、推进退役军官安置制度建设

东营市坚持军地合力、军民同心，全面提高双拥工作水平。在安置考核中，东营市对在部队立功受奖和长期在边远艰苦地区工作或从事飞行、舰艇工作的给予重点加分考虑。在做好军转干部计划安置的同时，东营市注重为自主择业军转干部搞好服务，加强对他们的就业指导，扶持他们自主创业，协调落实他们在证照办理、资金支持、税费减免等方面的优惠政策。东营市研究创新推动军转干部人才资源合理配置的措施办法，促进军转安置工作的公开透明和军转干部的合理配置。东营市创新军转教育培训模式，探索开展分类培训、划片培训、基地培训等工作，确保企业军转干部解困和维稳工作的落实。

第七节 军民融合人才培养体系

东营市支持企业和高校、科研单位积极实施柔性人才政策，鼓励引进国防科研单位和军工企业的高层次专业人才来东营市开展科研合作，不断壮大东营市军民科技融合人才队伍。

一、加强军地教育资源统筹

东营市进一步深化油地军校合作共识，实施统一规划、统一布局、统一政策，完善共建机制，创新合作模式，拓宽合作领域，共建中国石油大学胜利学院。东营市探索了建立部队和军事院校与地方高校、企业的科技人才的互动、共享、交流制度，把国防特色高等院校、军工科研院所和企业建设成军地装备人才的培养基地，着眼提升军事人才质量，加强军地教育资源统筹，进一步优化依托国民教育培养军事人才的结构和范围。

二、提高军地两用人才培养质量

东营市发挥油、地、军、校四方优势，依托中国石油大学胜利学院，科学设置专业结构，培养军地两用专业精英人才。东营市开展了不同形式的人才培养模式，满足军队不同层次的需求。东营市依托职业教育资源，进行专业技术人员培养，为部队输送骨干技术力量；发挥成人教育方式灵活优势，培养军队人员综合素质，提升官兵学历水平。东营市坚持实施“黄蓝国家战略”产业人才支撑计划、紧缺技能人才培养工程、“金蓝领”培训工程等可以培养军民两用专业人才的战略计划。东营市鼓励和支持军工企业建立高校实习实训基地，不断开展从地方大学生中聘用非现役文职人员、从优秀大学生士兵中提拔干部等工作。

三、完善军地人才储备交流机制

东营市充分依托普通高等院校，为武器装备研制单位储备新兴专业人才，对承担军事人才培养任务的地方单位给予一定的政策倾斜。东营市利用民兵训练基地，把军事训练与农民转型培训、职工职业技能培训、就业培训融为一体。东营市依托国家和地方科技含量较高的行业，建成系统编组信息支援保障、海上侦察救助、战略投送、高新武器装备维修等预备役部队。东营市注重对“网络空间国界”的保护，积极培养网络专业人才。东营市推进军民融合深度发展，巩固和扩大双拥模范城创建成果，支持部队改革和基础设施建设，加强国防教育和后备力量建设。